Le Livre
des morts égyptien

Commentaires de
Catherine Flusin-Gerber

Le Livre des morts égyptien

AU CŒUR DES MYSTÈRES DE LA MORT ET DE LA RENAISSANCE

De Vecchi

À Anepou, mon protecteur.

5, allée de la 2e DB 75015 Paris

Avant-propos

Nous connaissons tous l'Égypte pharaonique, avec ses pyramides, ses temples grandioses et ses momies. Mais peu d'entre nous connaissent réellement la pensée philosophique et religieuse de l'Égypte ancienne. Beaucoup ignorent l'amour que portaient les Égyptiens à la vie, allant jusqu'à la vénérer dans la mort. Le *Livre des morts égyptien* est un hymne aux cycles de la vie, à l'espoir de la renaissance.

En Égypte ancienne, on peut dire que la mort n'existe pas ; chacun retrouve dans l'autre monde une existence semblable à celle menée sur Terre. La mort est la continuité de la vie, non une fin puis un recommencement comme pour les chrétiens. C'est pour cela que les Égyptiens préparaient leur « deuxième » vie avec autant de soin, ce qui a longtemps fait penser à une présence obsessionnelle de la mort dans la vie de tous les jours en Égypte pharaonique.

La mort fait partie du cycle de la vie : naissance, croissance, dégénérescence et renaissance. Elle n'est que la suite logique de la vie sur Terre, un trait d'union entre l'existence ici-bas et celle qui se déroule dans l'au-delà.
Mais une autre mort existe : l'anéantissement total. La perte du nom et du corps entraîne une impossibilité de renaissance. Pour éviter cela, il fallait respecter un ensemble de prières, de rituels et d'offrandes. Bien entendu, la qualité de l'enterrement tout comme celle de la momification dépendaient de la richesse du défunt.
C'est grâce à la magie des mots et des images que le mort pourra revenir à la vie et atteindre les champs d'Ialou. Toute chose devient réelle dès que l'on écrit ou prononce son nom, grâce à la magie présente dans le quotidien des anciens Égyptiens : une magie théurgique (qui permet à l'homme de communiquer avec les bons esprits) fondée sur l'évocation et le pouvoir du Verbe. Et cela n'est possible que parce qu'il existe des correspondances entre les deux mondes, entre les deux plans – le matériel et le subtil. C'est la similitude qui est sous-entendue dans le texte de la Table d'émeraude attribuée à Thot-Hermès le Trismégiste :

> *Écoute-moi et sois attentif à ces paroles que je te donne et qui t'apporteront la lumière.*

Ce qui est en haut est comme ce qui est en bas. Ce qui est en bas est comme ce qui est en haut. Rien n'est immobile, tout bouge, tout vibre.

Le *Livre des morts*, comme tous les autres « livres » (*Textes des pyramides*, *Textes des sarcophages*, *Livre des portes*, *Livre de l'Amdouât*, *Livre de Nout*, *Livre de la vache céleste*, *Livre des grottes [Livre des Qererts]*, etc.), donne l'impression, à la première lecture, de n'être qu'une succession d'images et de phrases confuses et sans grande signification. Mais en prenant le temps, on s'aperçoit que tous ces textes sont remplis de magie et de poésie.

Mais ce n'est pas que cela. À l'instar des mystères éleusiens, Le *Livre des morts* était un manuel destiné aux initiés. Il préparait les vivants à l'élévation de leur âme. Héritier des *Textes des pyramides*, il transmettait des connaissances et des pensées vieilles déjà de plus d'un millier d'années.

Petit cours accéléré d'égyptologie

Quelques connaissances basiques et quelques notions élémentaires sont nécessaires pour la compréhension de la présentation qui suivra dans la deuxième partie de cet ouvrage.

Rappel historique sur l'Égypte pharaonique

L'histoire de l'Égypte ancienne est généralement divisée en cinq grandes périodes, entrecoupées de trois « périodes intermédiaires ».

La période prédynastique (entre 4500 et 3140 avant notre ère)

C'est vers la fin du néolithique que les différentes tribus rassemblées dans la vallée du Nil créent deux royaumes : la Haute-Égypte au sud et la Basse-Égypte au nord.

La période thinite (3140-2647 avant notre ère)

Narmer est l'unificateur supposé du pays, et considéré comme le premier pharaon de l'Égypte unifiée. On rencontre les premières traces d'écriture hiéroglyphique sur une tablette à fard, appelée « tablette de Narmer ».

L'Ancien Empire (2647-2180 avant notre ère)

Vers 2650 à 2180 avant notre ère, c'est l'âge d'or de l'Égypte, durant lequel les bases de la civilisation égyptienne sont mises en place (art, institutions politiques, philosophie, religion).
C'est durant cette période que sont construites les premières pyramides, et qu'apparaissent les *Textes des pyramides*, à la fin de la Ve dynastie (vers 2350 avant notre ère).

Ire période intermédiaire (2180-2022 avant notre ère)

Les chefs de régions dominent plus que le pharaon. La scission Nord/Sud se recrée. C'est la période où apparaissent les plus anciens *Textes des sarcophages*.

Moyen Empire (2022-1786 avant notre ère)

L'Égypte est de nouveau unifiée, c'est la période de grandeur de Thèbes. La majorité des *Textes des sarcophages* date de cette période.

IIe période intermédiaire (1786-vers 1500 avant notre ère)

Nouvelle période de luttes de pouvoir. Invasion de la Basse-Égypte par les Hyksos.

Nouvel Empire (vers 1500-1000 avant notre ère)

C'est la période la plus connue du grand public avec les pharaons de la XVIIIe dynastie. On la qualifie souvent de renouveau culturel. Les premiers papyrus écrits en hiératique pouvant être qualifiés de *Livres des morts* apparaissent dans les tombes au début de cette période.

IIIe période intermédiaire (1000-750 avant notre ère)

Durant trois siècles, les guerres de pouvoir déchirent l'Égypte. Le pays finit par tomber plusieurs fois dans des mains étrangères (Libyens, Nubiens, Assyriens). Des *oushebtis* trouvés dans des tombes datant de cette époque font clairement référence à des chapitres du *Livre des morts*.

Basse époque (750-30 avant notre ère)

Cette période continue à être très instable avec des prises de pouvoir par des princes étrangers, jusqu'à la conquête du pays par Alexandre le Grand en 323 avant notre ère. C'est durant la période ptolémaïque que l'organisation du *Livre des morts* est plus ou moins fixée.

Les notions essentielles de la religion égyptienne

La religion égyptienne est complexe et variée. On croit à tort qu'elle est une religion polythéiste alors qu'elle est une sorte de monothéisme : un dieu créateur à multiples visages.

Chaque région d'Égypte a son propre dieu créateur, tel Atoum pour la ville d'Héliopolis. En un mot, Dieu a un nom et un aspect différents selon la région. *Car Dieu est l'Un qui est en Tout.*

Les cultes religieux apparurent en Égypte dès 4000 avant J.-C. Ils ne connaissent pas les dogmes, c'est-à-dire qu'il n'y a pas de vérité absolue que le fidèle doit croire de manière immuable. Chacun amène sa propre croyance, sa vision du dieu qui s'ajoute aux autres.

Les dieux égyptiens représentent tous les aspects de la vie quotidienne des Égyptiens : la vie, la mort, l'art, la musique, l'agriculture, l'écriture, le cycle du Nil, etc. Car les dieux sont comme les hommes : ils naissent, vieillissent et peuvent mourir, même s'ils ressuscitent l'instant d'après! Mais ils doivent boire et manger comme nous. Ils aiment, ils haïssent, connaissent tous les sentiments et les aspects d'une vie terrestre.

Certains dieux sont plus importants; généralement, celui qui administrait une ville devenue capitale de l'empire devenait le dieu primordial «du moment», dirons-nous.

Les dieux sont représentés de différentes manières, sous une forme animale ou bien anthropomorphe, c'est-à-dire avec une apparence humaine. Souvent, lorsqu'ils avaient un corps humain, ils conservaient une tête d'animal. Mais un symbole pouvait aussi les représenter, telle la plume pour Maât ou un siège pour Isis.

Continuellement, les dieux égyptiens vont se «mélanger» entre eux, prenant la fonction d'un autre dieu. C'est pour cela que l'on accroche les noms de plusieurs dieux ensemble. La magie des noms permet de multiplier la force et les fonctions d'un dieu. D'ailleurs, il est toujours souhaitable de connaître le nom du dieu que l'on prie pour être certain d'obtenir ce que l'on désire.

La grande spécificité de la religion égyptienne tient dans le fait que si les hommes ont besoin des dieux, les dieux ont tout autant besoin des hommes. C'est-à-dire que si aucun culte n'est voué à un dieu, celui-ci disparaît, meurt. Toujours la magie du nom : s'il n'est plus prononcé, celui qui le porte n'existe plus. C'est pour cela que le culte est une obligation, et qu'il est célébré quotidiennement par les prêtres dans les temples. Les prêtres récitent des formules et font des gestes appropriés afin que les dieux puissent continuer leur éternel combat contre les forces du chaos et permettre au dieu Soleil de renaître tous les matins. Les statues, tout comme les représentations peintes sur les murs, sont là pour matérialiser le dieu. C'est donc en recourant à la magie – celle de la célébration du culte – que ces représentations donnent vie à la divinité, et que l'on peut ainsi atteindre les dieux, se faire entendre d'eux et obtenir ce que nous souhaitons. Les prêtres sont là pour rappeler aux hommes l'existence des dieux, mais aussi pour rappeler aux dieux le pourquoi de leur présence.

Le pharaon était l'intermédiaire entre le monde des humains et le monde divin.

Les cosmogonies

On a souvent l'impression que la religion égyptienne, mis à part la révolution amarnienne et l'adoration d'Aton par Akhenaton, a toujours été uniforme et immuable. En fait, il n'en est rien, et c'est pour cela que l'on ne peut parler de *la* cosmogonie égyptienne mais *des* cosmogonies. On en retient généralement trois principales, qui sont le résultat du syncrétisme de divers cultes locaux. Cela est important à savoir car, comme nous le verrons, on peut, au sein d'un même *Livre des morts*, trouver des références à plusieurs cosmogonies, et ainsi voir le rôle de démiurge attribué à plusieurs divinités.

La cosmogonie d'Héliopolis (ou héliopolitaine). Elle considère Atoum-Rê, dieu solaire, comme le premier émergeant de l'Océan primordial, le Noun, pour s'installer sur une levée de terre émergeant des eaux.

À l'origine était Noun, inerte, sans limite et hors du temps. Atoum, dieu Soleil et créateur (représentant le Soleil du soir), se masturbe et répand sa semence dans une première version ou bien crache à terre et éternue dans une seconde version, et donne ainsi naissance à un couple de dieux : Tefnout et Shou, représentant l'un la chaleur et l'autre le souffle. Ils donnent naissance à un deuxième couple de dieux, Geb, la Terre, et Nout, le ciel. Malgré l'intervention de Shou qui les sépara sur l'ordre d'Atoum, ces derniers réussirent à s'unir, et donnèrent ainsi naissance à de nouveaux dieux : Osiris, Isis, Horus l'Ancien, Seth et Néphtys, respectivement nés durant les cinq jours épagomènes, c'est-à-dire les cinq jours qui permettent de corriger le décalage du calendrier. Ils étaient considérés par les anciens Égyptiens comme des jours maléfiques, des jours de malheur dont il fallait se protéger grâce à des amulettes et différents rituels.

La cosmogonie d'Hermopolis (hermopolitaine). Elle attribue la création du monde à Thot, le dieu à la forme d'ibis. Il dépose un œuf sur la butte primordiale émergeant du Noun, le laissant couvert par les huit neter (« esprits » ou « forces » naturels) primordiaux : Noun et Nounet (l'élément liquide), Heh et Hehet (l'éternité), Kekou et Keket (les ténèbres) et Amon et Amonet, (l'élément « caché »). Le soleil naquit de cet œuf.

La cosmogonie de Memphis (ou thébaine). Elle attribue la création du monde à Ptah, celui qui façonne, sous la forme d'un être humain, le corps momifié d'où ne s'échappent que ses deux mains tenant un sceptre. Ayant pris conscience de son existence au sein du Noun, il crée la Terre, puis, en prenant du limon, façonne les hommes, les animaux et les végétaux, en les modelant par la pensée. Il les anime ensuite en les nommant. Il laisse plus tard la place au soleil Rê. La révolte des hommes conduira celui-ci à leur envoyer Sekhmet. C'est le mythe de la Lointaine.

Le mythe osiriaque, relativement tardif, se rattache à ces trois cosmogonies. Osiris et Isis s'unissent et donnent naissance à Horus (souvent dit « le jeune », à ne pas confondre avec l'ancien). Seth et Néphtys s'unissent, mais Anubis, qui naît de ce couple, est en fait le fils d'Osiris, Néphtys s'étant déguisée en sa sœur Isis.

Seth, jaloux et envieux d'Osiris, tentera de le tuer par un stratagème puis découpera son cadavre en quatorze morceaux. Isis, aidée de sa sœur Néphtys, les retrouvera, à l'exception de son phallus avalé par un poisson, qu'elle remplacera par une copie en argile[1]. Avec l'aide d'Anubis, le corps d'Osiris est reconstitué et embaumé, et le dieu retrouve un semblant de vie.

---

1. Osiris est souvent assimilé à la terre, alors qu'Isis représente l'eau. Le phallus d'argile ramène à la création du monde.

Le jeune Horus finit par prendre possession du trône de son père, alors que ce dernier s'occupe dorénavant des champs d'Ialou. On retrouve ensuite Seth comme défenseur de la barque solaire durant son périple nocturne dans le monde souterrain.
Plus qu'elles ne se contredisent, ces trois cosmogonies se complètent sur de nombreux points. Elles abordent chacune une facette différente de la création et de l'univers. On peut pratiquement les associer pour retrouver les éléments clés contenus dans le *Livre des morts* : le chaos primordial assimilable à l'Un, d'où tout naît, la puissance du Verbe, l'importance du corps-image, celle du nom, les renaissances-évolutions perpétuelles…

Les dieux de la mort

Le panthéon égyptien comporte plusieurs centaines de dieux et déesses. Ne sont présentés ici que les principaux qui apparaissent dans le *Livre des morts*.

Anubis, dieu funéraire, patron des embaumeurs. Dieu principal du tribunal d'Osiris où sont jugées les âmes. Il est le dieu qui donne sa place à chacun, laquelle est établie depuis le jour de la création de l'Univers. Anubis est le protecteur des morts. Il secourt et purifie les âmes. C'est lui qui va chercher le défunt et le guide dans les souterrains jusqu'au tribunal afin d'y accomplir les rites, tels que la pesée de l'âme par Maât, déesse de la justice et de la vérité.

Horus, dieu-faucon. Il est le faucon céleste dont l'œil droit est le Soleil et l'œil gauche la Lune. Horus chasse et mutile le mal. Il est vénéré par les morts parce qu'il est la lumière, il est celui qui leur a ouvert les yeux. Le défunt voit par lui et peut ainsi se diriger vers l'éternité.

Isis, sœur et épouse d'Osiris, mère d'Horus. Sa personnalité et son adoption un peu partout dans le monde antique à partir de l'époque romaine font d'elle la seule divinité à avoir perduré malgré la chute de la civilisation égyptienne. Elle est celle qui protège la future mère, les jeunes enfants. Elle est la grande magicienne et la plus rusée des déesses. Secondée de Néphtys, elle protège le sarcophage et les vases canopes.

Maât, déesse de l'équilibre du monde, de l'équité et de la justice. Elle est la mère de Rê, mais aussi son

épouse et sa sœur. Déesse personnifiant l'ordre cosmique, elle est aussi et avant tout un principe de vie.
C'est elle qui pèse le cœur du défunt (Ab) afin de savoir s'il peut accéder au monde des morts. La déesse est double au moment de la pesée de l'âme. On parle alors des deux Maât, l'une étant fille du Soleil et l'autre fille de la Lune. Elle symbolise la dualité qui amène l'équilibre.

Néphtys, déesse protectrice, sœur et épouse de Seth. Elle est la discrète et fidèle déesse, qui seconde sa sœur Isis pour retrouver le corps mutilé d'Osiris. Elle aide Isis à protéger le sarcophage et les vases canopes.

Osiris, dieu des morts et de la végétation. Dieu grand, protecteur des morts, il symbolise tout ce qui naît et renaît, tels les morts naissant une seconde fois.
Assassiné par son frère Seth, il est le premier à avoir été momifié. Isis, son épouse, le ramena à la vie par magie et ils s'accouplèrent. De cette union naquit le dieu Horus.
Assisté par les quarante-deux juges, il préside le tribunal des morts.

Ptah, dieu créateur, maître de Memphis. Son nom veut dire « celui qui façonne ». C'est lui qui a créé tout ce qui est : avant lui, il n'y a ni être ni non-être ; ni mort ni non-mort ; ni nuit ni jour.
L'Un respirait sans souffle et rien d'autre n'existait à part lui.
Ptah est le cœur et la langue. Il conçoit dans son cœur puis crée par le Verbe. Il prononça les paroles divines au commencement du monde et de cela survinrent les dieux.
Ptah créa aussi l'Égypte qui émergea des eaux primordiales.

Rê (que l'on trouve aussi transcrit « Râ »). Très souvent associé à Amon, au point que l'on peut penser qu'il s'agit de deux aspects complémentaires du même nom (les quatre éléments, eau, terre, air et feu, sont d'ailleurs compris dans le nom d'Amon-Rê), il est le dieu solaire primordial d'Héliopolis. On le trouve également associé à Atoum, probablement plus ancien.

Seth. Sa représentation n'est pas certaine. Peut-être s'agit-il d'un animal imaginaire ou d'une sorte de chacal. C'est une divinité guerrière. Il est le dieu du désert, de l'orage, du mal primordial, c'est-à-dire le mal qui fait mourir une fleur pour qu'une autre naisse. Il est aussi le protecteur de la barque solaire, et il est pour cela sous la protection du dieu Rê.

Thot. Représenté par un ibis ou un babouin, Thot est le seigneur du temps. Il est l'inventeur de l'écriture et du langage. Il connaît toutes les formules magiques. C'est pour cela que l'on dit souvent que c'est lui qui a écrit le *Livre des morts*. Il préside le tribunal d'Osiris et note le résultat de la pesée du cœur du défunt. Les Grecs l'assimileront à Hermès[1].

Les composants de l'être

Pour l'ancien Égyptien, le corps est composé de cinq éléments inséparables : le *Ka*, le *Bâ*, le *Djet*, le *Shout* et le *Ren*.

D'autres notions doivent être également comprises pour pouvoir prétendre à la compréhension du *Livre de la levée au jour*.

Le Ka (la nourriture). C'est le double spirituel qui « vit » avec l'être humain depuis sa naissance et lui

1. Hermès Trismégiste : Hermès « trois fois grand ».

survit après la mort. Il est la force de vie créée à la naissance de l'homme et libérée à sa mort. Il est symbolisé par un homme portant deux bras sur la tête. C'est une manifestation des énergies vitales et il a une fonction créatrice et conservatrice. Le Ka est un élément statique.
Lors des funérailles, des statues du *Ka* sont déposées dans le tombeau et les formules funéraires lui sont adressées. La mort n'est qu'un passage : il n'y a ni mort ni vivant. Le *Ka* du défunt quitte son corps de chair juste avant le rituel des obsèques, car le *Ka* est d'essence incorruptible et immortelle. Seul le pharaon naît avec son *Ka*, et les dieux ont quatorze *Ka*, treize représentant leurs « qualités » – telles que la force magique, la gloire, la noblesse, la puissance –, et un, commun, tel un lien entre tous les dieux.

Le Bâ. Il est comparé à l'âme chez les chrétiens, mais il est plus comme son double. C'est un élément dynamique car, contrairement au Ka, il peut sortir de la tombe et voyager dans les deux mondes, celui des morts comme celui des vivants. Il est le trait d'union entre ces deux lieux. Mais il retourne toujours vers le corps du défunt car ils sont inséparables. Il est représenté par un oiseau noir à tête humaine.

Le *Djet*. Il désigne le corps de l'être humain. Il ne doit pas être corrompu par la mort, d'où la nécessité de sa momification.

Le *Shout* (l'ombre). Il représente les passions de l'homme. C'est le double qui accompagne l'homme tout au long de sa vie, et qui ne quittera le corps qu'après la momification. C'est l'âme animale. Le concept du *Shout* montre qu'il faut être conscient de l'existence de nos envies, dont on ne pourra se libérer réellement qu'à notre mort, et avec lesquelles il faut donc vivre, tout en les contrôlant le plus possible. Le défunt devra en effet s'en débarrasser juste avant la pesée de l'âme.

Le *Ren* (le nom). Il renferme l'essence même de l'homme. Les Égyptiens avaient plusieurs noms, comme par exemple le nom de naissance, le nom usuel ou diminutif et le nom secret car caché de tous. En effet, il était possible d'influencer une personne rien qu'en connaissant son nom caché, et même de la détruire et l'empêcher de connaître l'immortalité. Donc le nom permet à l'homme d'avoir une existence propre et garantit sa résurrection après sa mort. Il est intimement lié à la *Sekhem* : la puissance. Il est constitué du

hiéroglyphe désignant la bouche et surmontant celui désignant l'eau – celle de l'Océan primordial, le Noun. Il est ainsi le Verbe créateur, qui fit vibrer pour la première fois les eaux du Noun.
En plus de ces éléments, un organe est essentiel : le cœur.
Tout d'abord le **cœur physique (*Hati*)**, seul organe laissé dans le corps lors de la momification, et qui demeurera ainsi sur Terre : c'est le siège des passions qui doivent être dominées pour se détacher de sa nature terrestre. On le désigne comme siège de la vie subconsciente et instinctive.
Ensuite le **cœur spirituel (l'*Ab* ou *Ib*)**, l'ego, qui sera pesé sur la balance de Maât. Il témoignera que l'âme *Bâ* s'est conduite en respect de la Maât. C'est le siège de la conscience, des aspirations et des désirs.
Les Égyptiens n'utilisaient pas le verbe « mourir », mais l'expression « passer à son Ka ».

L'*Akh* (le bienheureux). C'est l'état que l'âme doit atteindre après avoir été purifiée. Il est représenté par un ibis. Il est le principe spirituel immortel, l'étincelle divine. C'est l'âme spirituelle qui se perpétue en permanence. Certains considèrent l'*Akh* comme le *Ka* réuni au *Bâ* par les rites du réveil de l'âme.

Il représente la dernière phase nécessaire avant la fusion avec l'âme divine d'Atoum-Rê, la libération de la condition humaine.

Le *Kheper* (le scarabée). C'est la notion de transformation. À chaque étape du voyage spirituel, celui du mort mais aussi et avant tout celui du vivant, c'est l'amélioration de l'être.

Le *Sekhem* (la puissance). C'est la force permettant et ressortant des multiples renaissances possibles, sur Terre ou bien dans les différents plans célestes. Il est symbolisé par le sceptre. Il permet d'exprimer l'unité de l'être en unissant ses différents composants. C'est le pouvoir du *Ren* et aussi le lieu où ce dernier exerce ce pouvoir.

> *Tous les* neter *sont les forces* sekhem *: Rê est une force* sekhem *dans le Ciel.*

***Neter*.** On traduit souvent ce mot par dieu ou déesse. C'est faire abstraction de la pensée « monothéiste » des Égyptiens. Les *neter* sont les puissances (dieux, déesses), les principes (chaos/Seth, équilibre/Maât) ou encore les « forces naturelles » (tempêtes, etc.) issus de la division de l'Un, au moment de la création de toute chose.

Les lieux de l'au-delà

L'*Amanti.* Initialement, c'est l'occident, la direction vers laquelle on fixe l'emplacement du royaume des morts (là où se couche le Soleil). Le mot désigna ensuite le royaume des morts lui-même. À l'époque ptolémaïque, il se confond avec les champs d'Ialou.

Les champs d'Ialou. Les champs d'Ialou sont le lieu où les âmes des défunts « justifiés[1] » viennent vivre une nouvelle vie de repos et de sérénité une fois passées toutes les épreuves. D'abord localisés en Égypte, ils finirent par être situés dans la voûte céleste.

C'est un endroit où la moisson est foisonnante et où les fleurs, les arbres sont florissants. Le défunt vit auprès des siens, vêtu de ses plus beaux vêtements. Les champs d'Ialou sont un peu comme un paradis où le défunt continue de mener son existence, mais plus paisiblement que sur Terre. Arrivé dans le monde souterrain après sa résurrection, Osiris devint le maître du royaume des morts et le changea en de vastes champs fertiles. Au début, ce ne furent que des champs de roseaux sur un terrain marécageux. Osiris enseigna

1. C'est-à-dire ayant été estimés « justes » lors de l'épreuve de la pesée de l'âme. Voir plus loin.

aux défunts comment les cultiver, de la même façon qu'il l'apprit aux vivants. Le défunt y cultive de grands champs de blé. Habillé de ses plus beaux atours et aidé de sa femme, on le voit préparer le terrain, semer les graines, puis récolter le blé. C'est au chapitre 110 du *Livre des morts* que le défunt arrive aux champs d'Ialou.

Les champs d'Ialou sont probablement à l'origine des champs Élysées de la mythologie grecque. Le sens ésotérique de l'image des champs d'Ialou pourrait être la communion avec la divinité, en l'occurrence Osiris.

La *Douât*. La *Douât* est le lieu où séjourne Rê pendant les heures de la nuit. C'est donc, par similitude, le lieu où se trouvent les morts en attendant de ressusciter avec le Soleil, et cela en passant des épreuves. Rê, dieu Soleil, disparaît tous les soirs à l'horizon et traverse le Nil souterrain à bord de la barque sacrée. Durant ce voyage, Rê traverse la *Douât* et ses douze portes qui correspondent aux douze heures de la nuit et déjoue les pièges que les forces du chaos mettent sur son passage. Une fois ce périple terminé, le dieu Rê renaît tous les matins, amenant avec lui la lumière du Soleil.

Ro-sétaou. Ro-sétaou, ou Rosétaou, est tout d'abord une localité de la région de Gizeh. Mais, par extension, c'est le nom donné à l'entrée du domaine des morts et le lieu où se tient le tribunal d'Osiris. Dans le *Livre des morts*, il est nommé le « chemin des choses secrètes », comme un chemin initiatique pour l'âme du mort vers l'autre monde.

La momification

Pour l'ancien Égyptien, la conservation du corps est très importante car, lorsque le défunt se réveillera, son *Ka* et son *Bâ* devront pouvoir réintégrer son corps. Il faut donc absolument éviter que celui-ci ne se détériore. La technique de momification s'est améliorée au fil des siècles et, grâce à elle, nous pouvons admirer les corps momifiés des grands rois tel Ramsès II.

La momification s'inscrit dans un véritable rituel funéraire. Peu après le décès, le cadavre est remis aux embaumeurs, toujours situés à l'extérieur des villes (entre autres à cause des odeurs). Tout Égyptien ayant conscience de l'importance de la momification choisissait bien avant sa mort lequel des trois types de momifications consacrés par la loi religieuse il allait retenir. La différence étant principalement le prix, et donc la qualité, de l'embaumement et de la conservation du corps.

Après avoir été lavé au natron, le corps est éviscéré et exposé au soleil pour qu'il se déshydrate. Les organes sont aussi séchés afin d'être conservés. Les yeux sont retirés et souvent remplacés par des faux, en verre et/ou en pierre.

Certains organes sont gardés à l'intérieur de quatre canopes (vases) à l'image des quatre fils d'Horus.

• Dans le vase représentant Amset (tête humaine), se trouve le foie. Il est orienté vers le sud et protégé par la déesse Isis.

• Dans le vase représentant Hâpy (tête de babouin), se trouvent les poumons. Il est orienté vers le nord et protégé par la déesse Néphtys.

• Dans le vase représentant Douamoutef (tête de chacal), se trouve l'estomac. Il est orienté vers l'est et protégé par la déesse Neith.

• Dans le vase représentant Qebehsenouf (tête de faucon), se trouvent les intestins. Il est orienté vers l'ouest et protégé par la déesse Selket.

Le cœur est remis en place car, dans l'Égypte ancienne, on le considérait comme le siège de la pensée. Il est donc conservé dans la poitrine une fois momifié. En effet, le défunt en aura besoin au cours du jugement devant le tribunal : il lui faudra le donner au dieu Anubis afin que celui-ci le pèse sur la balance de la déesse Maât (c'est ce que l'on nomme la cérémonie de la pesée de l'âme).

Le corps est alors de nouveau trempé dans le natron et cela pendant soixante-dix jours. Une fois totalement déshydraté, le corps est bourré de tissus imbibés de résines aromatiques. Les orbites, la bouche, le nez et les oreilles sont bouchés avec de la cire d'abeille.

On le recouvre ensuite de bijoux, et surtout d'amulettes destinées à le protéger durant son voyage telles que le disque solaire, l'œil d'Horus (œil *Oudjat*), le scarabée-cœur, le pilier *Djed*, le nœud d'Isis. Généralement, on pose une plaque avec une représentation de l'œil *Oudjat* gravée dessus. Puis le corps est recouvert de bandelettes enduites de résines. La longueur totale peut atteindre plusieurs dizaines, voire centaines de mètres[1] et la pose dure une quinzaine de jours. Pour finir, le corps momifié est recouvert d'un suaire et d'un masque funéraire.

---

1. Certaines momies sont recouvertes de 200 à 300 m de bandelettes.

Les animaux aussi peuvent être embaumés : nous avons des exemples nombreux de chats, de faucons et autres momifiés.

Introduction générale au *Livre des morts*

Sortir au jour

« Livre des morts » est une appellation impropre renvoyant à une série de textes qui ne constituent pas à proprement parler un livre, et qui ne s'adressent aux morts que dans un second temps. La traduction littérale du titre[1] est « Sortir au jour », c'est-à-dire « à la lumière[2] » (sous-entendu « divine »). Il est porté par

1. Il s'agit en fait du nom de la première partie du recueil de textes que constitue le *Livre des morts*.
2. Il existe plusieurs variantes de ce titre en fonction des traducteurs : *Sortir au jour, Livre pour sortir le jour, Chapitres de la sortie à la lumière, Livre de la levée au jour…*

différents rouleaux de papyrus qui étaient confectionnés pour les vivants afin de préparer leur voyage vers l'au-delà. Chaque Égyptien se devait d'emporter le sien dans sa tombe.

Il apparaît au Nouvel Empire (1539 à 1077 avant notre ère) et n'est codifié que tardivement. Pendant longtemps, il s'agit en fait de compilations de formules autonomes plus ou moins longues, sans aucun lien les unes avec les autres, et ne respectant a priori aucun ordre précis. Elles sont issues pour la plupart des *Textes des pyramides*, ou encore des *Textes des sarcophages*. Les passages sont choisis, semble-t-il, en fonction du commanditaire et/ou de l'acheteur du livre en question, et probablement de ses moyens financiers. C'est le cas par exemple du *Livre de l'architecte Khâ*, datant de la XVIIIe dynastie[1], qui comporte trente-trois chapitres.

C'est durant la période ptolémaïque que le nombre et l'organisation des chapitres sont arrêtés. La numérotation actuelle des chapitres[2] se fait en se basant sur ces documents anciens. Les papyrus les plus complets mesurent entre 23 et 25 m de long pour 0,40 m de haut,

1. Règne d'Amenhotep II, 1390-1352 avant notre ère.

2. Cent cinquante-huit chapitres pour le *Livre des morts* du prêtre Hornedjitef, conservé au musée du Louvre, 190 pour le *Livre d'Ani*, conservé au British Museum.

mais ont souvent été découpés au XIXe siècle de façon à assembler les chapitres sous forme de « livre ».

L'exemplaire le plus complet connu est celui dit *Livre d'Ani*. Il est l'un des plus anciens (XVIIIe dynastie, probablement du début du règne d'Aménophis III). Il fut découvert à Thèbes en 1887 par l'égyptologue anglais sir Ernest Alfred Thompson Wallis-Budge, et acheté par le British Museum l'année suivante. Le *Livre des morts* du prêtre Hornedjitef, relativement tardif, appartient à une époque où l'ordre des chapitres est dorénavant codifié et standardisé.

Le *Livre des morts* doit permettre au défunt de réussir les épreuves qui le conduiront jusqu'au tribunal d'Osiris avec succès. Il doit aider le défunt en le préservant de la faim et de la soif tout au long de son voyage vers le monde des morts.

Il s'organise généralement en quatre grandes parties, qui seront vues plus en détail dans les chapitres suivants.

- « La sortie à la lumière » : sont rassemblées dans cette première partie les formules initiales d'entrée et de sortie dans le monde des morts. Le nombre de chapitres est variable, mais le tout premier est généralement celui de l'accueil du mort.

• « La régénération » : le défunt est comparé au dieu solaire Rê renaissant à l'aube après son périple nocturne. Les chapitres de cette partie sont consacrés à la régénération du défunt.

• « La transfiguration » : c'est une des phases les plus critiques. Le mort, dont l'âme a été régénérée, va passer par diverses étapes de transformation (souvent douze[1], comme les douze heures diurnes), jusqu'à la transfiguration complète qui va lui ouvrir les portes du palais d'Atoum.

• « La glorification » : les chapitres regroupés dans cette partie évoquent tous l'identification du mort à Rê. L'âme du mort est placée sous la protection des dieux, elle-même devenant un dieu sous l'appellation de « fils d'Osiris ».

Chaque partie comporte donc un certain nombre de chapitres, qui peuvent varier, voire apparaître en double, en fonction des papyrus. Les chapitres sont souvent illustrés par des vignettes imagées, résumant ce qui est exposé ensuite.

---

1. Les *Textes des sarcophages* en mentionnent une soixantaine.

Les autres « livres »

La plupart des formules du *Livre des morts* sont tirées des textes auparavant peints sur les murs des tombeaux ainsi que sur les parois des sarcophages et sur des papyrus qui étaient déposés auprès de la momie.

Les *Textes des pyramides*

Les *Textes des pyramides*, que l'on trouve à partir de la Ve dynastie (2435 à 2306 avant notre ère), sont nommés ainsi car ils sont écrits sur les murs des pyramides de Saqqara. Ce sont certainement les textes religieux les plus vieux du monde. Au départ exclusivement destinés aux pharaons, les reines se les approprient ensuite, et, après elles, les nobles. Beaucoup de ces textes se retrouvent aussi dans le *Livre des morts*. Leur origine est probablement bien antérieure aux premières pyramides. Ils étaient auparavant transmis certainement sous forme orale ou inscrits sur des matériaux périssables qui ne sont pas parvenus jusqu'à nous.

Le *Livre de la terre*

Il est aussi appelé *Livre d'Aker*, du nom du dieu Aker, divinité chthonienne à double tête qui englobe tout ce qui est relatif à la terre, aux catacombes et aux souterrains. Il semble avoir des origines très anciennes, préhistoriques même. Il incarne le passage entre l'Occident et l'Orient en portant le dieu Soleil sur son dos. Il est aussi le gardien de chaque extrémité du tunnel où voyage la barque solaire pendant la nuit, et protège donc ainsi Osiris du serpent malveillant. Il est chargé d'ouvrir les portes pour laisser passer la barque de Rê vers les mondes inférieurs.

Le *Livre des deux chemins*

C'est l'un des plus anciens de ces textes tirés ou inspirés des *Textes des pyramides*. On le retrouve généralement peint sur le fond des sarcophages. Il s'agit d'une cartographie du monde céleste et du monde souterrain, montrant les deux chemins qui conduisent aux entrées du monde d'Osiris, c'est-à-dire le monde des morts. L'un des chemins est terrestre et l'autre fluvial. Le *Livre des deux chemins* sera ensuite englobé dans les *Textes des sarcophages*.

Les *Textes des sarcophages*

Les *Textes des sarcophages* apparaissent pour la plupart vers le début du Moyen Empire (1980 à 1760 avant notre ère), après une période intermédiaire mal connue durant laquelle les premiers textes de ce type sont néanmoins répertoriés. Les nobles et les riches s'approprient les textes auparavant réservés au pharaon et les font inscrire, en écriture cursive généralement, sur leur sarcophage – et non plus en hiéroglyphes sur les parois des tombeaux. S'ils sont composés des mêmes textes que ceux des pyramides, ils se compliquent et s'enrichissent de nombreux autres textes.

Le *Livre de l'Amdouât*

Littéralement : « Ce qu'il y a dans la Douât ». On le trouve aussi sous le nom de *Livre de la chambre* [ou *salle*] *cachée*, également traduit par *Livre des demeures secrètes*. Il apparaît dans les tombes thébaines du début de la XVIIIe dynastie (1539 à 1292 avant notre ère). Utilisé d'abord pour les funérailles des rois, les nobles l'utilisent aussi comme décor classique. Le *Livre de l'Amdouât* dresse la carte du voyage nocturne du Soleil et raconte les aventures du dieu Rê dans sa barque solaire, lorsqu'il parcourt le monde d'en dessous. Il est divisé en douze parties correspondant aux douze heures de la nuit. La première version de ce livre fut découverte dans la tombe de Touthmôsis III.

Le *Livre des cavernes*

Le *Livre des cavernes* s'attache à décrire les différentes métamorphoses du Soleil (référence aux transformations que doit subir l'âme du défunt). Le mot désignant la caverne pourrait d'ailleurs aussi se traduire par « cocon », ou encore « matrice ». Dans la scène finale du *Livre des cavernes*, le dieu solaire Rê apparaît sous les traits d'un enfant jaillissant des eaux primordiales. On trouve ce livre dans des tombeaux de rois et de reines de la XIXe dynastie (1292 à 1191 avant notre ère).

Le *Livre des portes*

Datant lui aussi du Nouvel Empire, ce livre raconte la traversée du défunt pour atteindre le monde des morts. Ce voyage correspond au périple du dieu Rê durant les heures de la nuit. Le défunt doit traverser différentes portes pour accéder à l'au-delà. Chaque porte est gardée par une divinité. Elles sont au nombre de douze et représentent les douze heures de la nuit. On en a retrouvé des exemplaires peints à l'intérieur de différents sarcophages.

Les différentes traductions

Le nom « Livre des morts » est dû à l'égyptologue allemand Karl Richard Lepsius qui, en 1842, traduisit pour la première fois en allemand le papyrus de Turin[1], l'un des « livres des morts » parvenus jusqu'à nous. Il pourrait s'être inspiré du nom que donnaient les ouvriers arabes aux papyrus qu'ils trouvaient dans les tombes.

Peu d'auteurs se sont consacrés depuis au travail ardu de la traduction de ces textes. Le premier après Richard Lepsius fut E. A. T. Wallis-Budge, qui édita en 1895 une traduction en anglais de l'ensemble des textes alors disponibles, allant de la XVIIIe dynastie jusqu'à l'époque ptolémaïque.

Thomas George Allen publia en 1960 la traduction en anglais de soixante-dix documents se rattachant au *Livre des morts*, conservés au musée de l'Institut d'Orient de l'université de Chicago. Ces documents de la XVIIIe dynastie ou plus récents, complets pour certains, partiels pour d'autres, correspondent à sept papyrus, trois sarcophages, un linceul, une statuette, trois stèles et cinquante-cinq *chaouabtis* (figurines funéraires sur lesquelles étaient gravées des inscriptions magiques, *cf.* p. 49).

---

1. Le titre complet de son livre est : *Das Todtenbuch der Ägypter nach dem hieroglyphischen Papyrus in Turin* ; c'est-à-dire : « Le Livre des morts des Égyptiens d'après le papyrus de Turin ».

Les seules traductions disponibles en français sont celles de Paul Barguet et de Grégoire Kolpaktchy, la seconde étant éditée depuis peu en format poche.
Ont été utilisés pour cet ouvrage de courts extraits de ces deux auteurs, ainsi que parfois des passages tirés des traductions de Wallis-Budge ou encore d'Allen.
Les ouvrages traitant de la compréhension et de l'interprétation du *Livre des morts* sont, eux, beaucoup plus nombreux. Le plus sérieux et le plus abouti nous semble être celui de Pascal Bancourt[1].

---

1. *Le Livre des morts égyptien. Livre de vie*, Éditions Dangles, 2001.

La sortie
à la lumière

Le chemin qui mène à la nécropole

Une fois le corps préparé, momifié, il était emmené vers sa dernière demeure par les prêtres et la famille du défunt, accompagnée des pleureuses professionnelles. Le corps était censé accomplir initialement un pèlerinage vers le sanctuaire de Bousiris, puis, plus tardivement, vers celui d'Abydos, la ville sacrée d'Osiris. Même si de tels périples souvent représentés sur les papyrus et les tombes ont bien eu lieu, pour la plupart des Égyptiens le « voyage » se résumait à la traversée du Nil pour la nécropole, le reste étant représenté de manière symbolique dans la tombe.

Le sarcophage du pharaon était transporté sur une barque solaire dont un magnifique exemplaire est

exposé aujourd'hui sur le site de Gizeh au musée de la Barque solaire. Une fois la traversée effectuée, le sarcophage était déposé sur un traîneau et tiré par des bœufs. Il était en bois et totalement peint. À l'intérieur figuraient des scènes de la vie dans l'au-delà, des dieux souterrains ainsi que des amulettes protectrices. À l'extérieur étaient peints une représentation du visage du mort et surtout un œil *Oudjat*, ainsi que des portes pour que le défunt puisse voir et sortir comme il le désirait.
Sur les vignettes illustrant le *Livre des morts*, le prêtre-sem[1], vêtu d'une longue robe blanche et d'une peau de léopard, tient dans ses mains un encensoir où brûlent des résines, des encens ou de la myrrhe, et un vase rempli d'eau lustrale. Sur un autre traîneau se trouvent les vases canopes contenant les viscères du défunt. Des statues à son effigie, des coffres renfermant les vêtements, les bijoux et différents objets lui ayant appartenu suivent, portés par des serviteurs, de même que des fauteuils, lit, table – c'est-à-dire tous les objets courants de la vie du défunt afin que

1. Il était considéré comme le plus important des prêtres, sa fonction étant celle de rendre ses sens au défunt par le rituel de l'ouverture de la bouche (du nez, des oreilles, etc.).

sa nouvelle existence soit semblable à l'ancienne et qu'il ne manque de rien dans l'au-delà. Des offrandes de nourriture, d'eau, de vin, d'encens, de fard, de parfum ou de vêtements ainsi que des bijoux étaient faites pour permettre au défunt d'avoir tout ce qu'il lui faudrait dans sa nouvelle vie. Ces offrandes pouvaient aussi être fabriquées en argile ou sculptées sur les murs.
Cette première partie va s'attacher à décrire de manière allégorique le début du processus auquel le mort va être confronté. Il doit prendre conscience de sa part divine pour se détacher de son corps, en laissant de côté ses peurs et son attachement aux choses terrestres (symbolisé par le combat contre les monstres). En s'assimilant aux dieux, il gagne le droit de poursuivre son chemin dans l'au-delà. Il échappe pour la première fois à la dissolution dans le chaos.

Jour de la mise au tombeau

Voici les paroles à prononcer au jour de la sépulture, au moment où, séparée du corps, l'âme pénètre dans les mondes de l'au-delà :

« Salut, ô Osiris, taureau de l'Amenti, voici que Thot, prince de l'éternité, parle par ma bouche, en vérité je suis le dieu grand qui accompagne dans sa navigation la barque céleste[1]. »

Le mort qui pénètre dans son tombeau se présente déjà comme étant l'égal des dieux. Il montre par ces paroles que par lui parle le dieu Thot, le dieu des connaissances et du savoir. Le défunt est celui qui accompagne le dieu Soleil dans son voyage dans sa barque.

« Ô vous qui donnez pain et bière aux âmes parfaites dans la demeure d'Osiris, donnez pain et bière à mon âme, avec vous[2]. »

Le mort prie à ce moment les vivants de ne pas oublier de lui apporter en offrande à boire et à manger. Bien que souvent de simples représentations, ces offrandes sont nécessaires à la survie du défunt.

---

1. *In* Grégoire Kolpaktchy, *Le Livre des morts des anciens Égyptiens*, J'ai Lu, 2009 (réédition de l'ouvrage paru chez Stock en 1993 et chez Dervy en 1999), p. 117-118.
2. *In Le Livre des morts des anciens Égyptiens*, traduit par Paul Barguet, Éditions du Cerf, 1967, p. 39.

Chapitre 1. Formule pour faire descendre la momie dans la Douât

« L'Osiris-N[1] te connaît et connaît ton nom. Sauve-le de ces vers qui sont dans *Ro-sétaou* et vivent de la chair des hommes[2]. »

Rituel d'ouverture de la bouche

« Qu'il entende comme vous entendez, qu'il voie comme vous voyez, qu'il parle comme vous parlez. »

Avant la mise au tombeau, le prêtre officiant, ou le fils aîné le cas échéant, effectuait un rituel que l'on appelle l'ouverture de la bouche. Le sarcophage est mis debout devant le tombeau. Habillé d'une peau de léopard et portant un masque à l'effigie d'Anubis, le prêtre-sem commence le rituel par une purification à base d'encens, placé généralement dans un petit sceptre en forme de bras, puis versait de l'eau lustrale sur les offrandes. Ensuite, avec l'aide d'une herminette, deux autres prêtres

1. Dans les formules magiques nominatives, « N » doit être remplacé par le nom du défunt.
2. *In* Paul Barguet, *op. cit.*, p. 40.

touchaient la bouche, le nez, les oreilles et les yeux du visage peint sur le sarcophage. C'est l'instant le plus important, car ce rituel permettait au défunt de respirer, manger, entendre et voir. S'il n'était pas pratiqué, le Ka *et le* Bâ *du mort ne pouvaient réintégrer le corps une fois justifié devant Osiris. Ces gestes pouvaient aussi être pratiqués sur une statue représentant le défunt. Alors, le* Ka *et le* Bâ *réveillés pouvaient enfin reprendre conscience et ainsi assimiler le* Livre des morts *pour affronter les épreuves que le défunt devait déjouer pour atteindre la salle du jugement et faire face aux dieux.*

Là encore, c'est la magie qui officie. Car l'ancien Égyptien a besoin d'un support matériel pour croire. Pour lui, cela est aussi vrai que le monde où nous vivons. Ce qui est réel ici-bas l'est aussi dans le monde des morts. Ce qui est imagé est donc tout aussi réaliste. Et ce qui est écrit dans les formules magiques et autres permet donc d'accéder au monde des dieux.

Pour vivre après la mort

« Ô toi qui rayonnes dans les solitudes nocturnes, dieu du disque lunaire ! Regarde ! Je t'accompagne, moi aussi, parmi les habitants du Ciel qui t'environnent[1] ! »

Chapitre 6. Formule pour ne pas travailler dans le monde des morts

« Toi Chaouabti, à l'image de N, si N est appelé à accomplir la tâche, tu dois dire je suis là, moi N le justifié. »

Une autre tirée des Textes des sarcophages *:*

« Paroles dites par le N justifié : Ô toi, *ushebty* [*chaouabti*] qui as été fait pour N, si N est appelé pour accomplir ses tâches ou si une corvée est imposée à N comme à n'importe quel homme dans son travail, tu diras je suis là ! Si N est appelé pour surveiller ceux qui travaillent, revenant dans les champs nouveaux pour retourner la terre ou pour transporter en bateau le limon fertile de l'orient à l'occident, tu diras je suis là ! Moi N justifié. »

Dans l'ancienne Égypte, tout être humain était obligé de travailler dans le monde des morts. Pour éviter les corvées, les Égyptiens avaient recours à

---

1. *In* Grégoire Kolpaktchy, *op. cit.*, p. 123.

des figurines magiques qui pouvaient travailler à leur place. Ils représentaient en quelque sorte en une même statuette et le maître-défunt et le serviteur. Bien entendu, les personnages riches pouvaient avoir plusieurs de ces statues les représentant.
Il existe de très belles figurines de chaouabtis *(aussi retranscrit* ushebtys*), généralement sculptées dans du bois et parfois dans la pierre et peintes de plusieurs couleurs.*

Ces premiers chapitres, comme les suivants d'ailleurs, portent en tête une représentation figurée de ce qui attend le mort dans l'au-delà. La magie de l'image fait que ce qui est représenté correspond exactement à ce qui va réellement arriver.

L'aide du prêtre

Le prêtre-iounmoutef intervient ensuite. Il est le modèle des prêtres-sem, celui qui joue le rôle du fils du roi et donc du fils du défunt, considéré comme le dieu de la fertilité et l'un des piliers du ciel soutenant la voûte céleste. Le prêtre dit :
« Je viens vers vous, dieux. Je viens avec N. Il est pur. Faites qu'il soit près de vous. »

La représentation du prêtre, vêtu lui aussi d'une peau de léopard, amène le défunt vers les dieux en garantissant qu'il est un homme de bien. Il implore les dieux de l'accepter à leurs côtés tel leur semblable. Le défunt, pour pouvoir accéder à l'immortalité, doit démontrer qu'il est méritant et aimé par les dieux. Une fois de plus, il est ce qu'il dit être, ce qu'il veut être grâce à la magie des mots.
Le défunt s'avance dans l'obscurité précédé du dieu Anubis qui maintenant l'emmène à travers les dédales du monde inférieur. Mais il ne craint pas les ténèbres car il est pur de cœur et est un initié.

Chapitre 7. Comment repousser le serpent Apophis

Apophis est le dieu des forces du mal et de la nuit. Il est le chaos qui toutes les nuits tente d'anéantir le dieu Rê dans sa barque. Il est représenté sous la forme d'un serpent géant. Sa fureur destructrice ne peut être vaincue, mais seulement maintenue.

« Toi qui détruis les âmes, Toi qui veux me détruire, moi Atoum. Moi qui suis pur de pensées. »

« Toi […] qui t'empares et prends par violence, qui vis de ceux qui sont inertes, je ne serai pas inerte par toi, car mes membres sont ceux d'Atoum. »
« Vois : les dieux sont debout contre toi ! »

Là encore, le défunt se confond avec le dieu Atoum sous son aspect créateur, le Soleil qui disparaît derrière l'horizon. Le défunt-Atoum est donc au début des épreuves qui le mèneront vers la Douât. *Il se bat et en même temps défend le dieu Rê contre le serpent Apophis qui, toutes les nuits, tente d'avaler la barque du dieu Soleil et ainsi faire basculer le monde de lumière dans le néant, le chaos.*

Durant plusieurs chapitres, le défunt se défend contre différents démons tels les serpents et les crocodiles. Il doit user de tout son courage et de toute sa droiture pour ne pas faillir contre eux.

Incantation contre les ennemis

« Je force l'entrée du ciel, j'enfonce les portes de l'horizon, je parcours la Terre tout entière, de puissants esprits sont en mon pouvoir. Car mes incantations magiques comptent par millions[1]. »

1. *In* Grégoire Kolpaktchy, *op. cit.*, p. 129.

Tout au long du Livre des morts, *le défunt montre sa puissance grâce à ses connaissances des paroles magiques. Il peut ainsi maîtriser les dieux, les démons et tous les dangers qu'il va rencontrer durant son périple.*

Chapitre 15. Formules de salutation au dieu Amon-Rê

« Salut à toi, Amon-Rê, le plus grand du ciel, [...] toi qui établis durablement toute chose ! Tu rassembles tes membres, et ton corps revit[1]. »

L'âme du défunt devient un double du dieu Osiris, le premier momifié et le premier justifié ; elle se nomme désormais l'Osiris-N dans les chapitres suivants du Livre des morts. *Le défunt justifie sa place parmi les dieux en se confondant avec Osiris, et ainsi il dit : si je suis Osiris, je suis digne d'être justifié.*

« Osiris-N, le scribe, qui consigne les offrandes à tous les dieux. Il dit : hommage à Toi qui est comme Khépri, le créateur. Toi qui t'es élevé et qui as brillé. Qu'il

1. *In* Paul Barguet, *op. cit.*, p. 45.

me donne splendeur et pouvoir, et triomphe et une résurrection comme âme en vie pour voir l'Horus des deux horizons. »

Le dieu Khépri, dont la représentation est un scarabée et dont le nom signifie « devenir, tourner, rouler », est celui qui évolue. Il s'est créé lui-même et est le père de tous les autres dieux. Les hommes et les femmes ont jailli de ses larmes et le monde végétal et animal a été créé par sa volonté.

L'Horus des deux horizons est le Soleil du jour à son lever à l'est jusqu'à son coucher à l'ouest.

Osiris-N est le nom du défunt. Osiris est le premier à avoir été momifié, et le premier à avoir été reconnu justifié, juste de voix. Le défunt est donc totalement assimilé au dieu Osiris. Le mort est couché dans sa tombe sur la rive ouest et, une fois acquitté dans la salle des jugements, il voyage vers l'est et une deuxième vie. Il demande donc le triomphe d'une résurrection et ainsi de suivre le Soleil dans sa course.

« Gloire à toi, ô seigneur des dieux ! Soit loué ton nom, ô créateur des œuvres admirables ! Avec tes rayons, éclaire mon corps qui repose dans la terre, pour toute l'éternité[1]. »

Le défunt prie enfin le grand dieu, créateur de tout ce qui existe, d'éclairer son corps pour toute l'éternité. Par là, le mort demande que sa momie soit sous le regard du grand dieu, sous sa protection, afin qu'il ne pourrisse pas et qu'il puisse atteindre les champs d'Ialou.

1. *In* Grégoire Kolpaktchy, *op. cit.*, p. 135.

La régénération

La deuxième partie du Livre des morts *est consacrée à la régénération de l'âme et du corps du défunt, comme le Soleil à l'aube, lorsqu'il renaît après son combat durant la nuit. C'est la reconstitution d'une partie détruite, le renouvellement et la renaissance.*

Le défunt doit maintenant quitter la voûte céleste pour pénétrer dans les mondes souterrains et y connaître une première série d'épreuves.

Cela représente une descente au plus profond du moi, là où sommeillent nos peurs et nos doutes ainsi que tous nos méfaits. C'est une descente aux Enfers. Mais là, le défunt est préparé et armé par ses connaissances et son savoir. Il sait avoir la parole juste et donc qu'il saura déjouer les pièges et ses propres frayeurs. Il y vit une purification, en faisant face à toutes les accusations, sûr de son bon droit. Il ne craint rien car il en est persuadé. Il est initié à tous ces mystères et connaît les formules. Il entre donc sans crainte dans ces mondes inférieurs.

Le défunt commence son voyage armé d'un medou *(bâton) pour repousser ses ennemis. Mais les mots* medou-neter *signifient aussi « bâton de dieu », et donc « paroles de dieu ».*

Début des transfigurations durant la sortie du monde des morts et du retour vers lui

Le défunt va devoir vivre la création du monde et des dieux en expérimentant lui-même chacune des étapes de la cosmogonie. Grâce à cela, il deviendra le tout et l'unique. Le défunt est la représentation du démiurge, du dieu grand, Rê. Il revient au commencement lorsqu'il était pur, sans tache. Il réapparaît à l'horizon tel le dieu Soleil. Chaque partie de son corps est un dieu. Il subit de multiples transformations qui le régénèrent, lui faisant vivre ainsi une renaissance. Il va subir de nombreuses mutations, passant du monde des ténèbres à celui de la lumière sans arrêt. Le défunt se trouve hors du temps, il est partout et nulle part en même temps. Il est hier, aujourd'hui et demain.

Chapitre 17

« Je suis le dieu Atoum [...]. Je suis le dieu Râ se levant à l'aube des temps anciens, pareil au dieu Nu [...]. Les dieux ne s'opposent pas à ma progression car je suis l'hier, et je connais le demain [...]. Voici que j'arrive dans ma patrie d'origine, j'atteins le lieu de ma résidence fixe, le mal qui avait existé en moi a été arraché avec ses racines[1]. »

Pour le défunt maintenant commence réellement le voyage dans l'Amenti, le monde des morts. Il doit suivre le dédale du labyrinthe qui s'étend devant lui jusqu'à la salle du tribunal d'Osiris. Dans ce chapitre, il se présente comme étant le dieu créateur et en donnant le nom d'un dieu à chacune des parties de son corps.

Tout ce qu'a vécu le défunt durant sa vie terrestre, tout ce qu'il a fait en bien ou en mal n'a pas d'importance en réalité. C'est plus sa capacité à comprendre pleinement le sens du bien et du mal, à avoir

---

1. *In* Grégoire Kolpaktchy, *op. cit.*, p. 136-137.

totalement conscience de ce qu'il est, à se connaître et à être lucide sur sa propre personnalité qui permettra à son âme d'accéder aux dimensions divines.

Le défunt subit une nouvelle naissance; il sort du ventre de sa mère, son cordon ombilical est coupé, il est lavé tout comme un nouveau-né.

Le défunt dit :

« Salut, ô seigneur de l'au-delà, Osiris... Voici que j'arrive devant toi. Mon cœur a toujours été fidèle à la Voie du bien. Le mal n'a jamais habité mes pensées[1]. »

Le Livre des morts, *qui se compose de plusieurs chapitres, se répète assez souvent. Sans cesse le défunt prétend à son innocence. Notons la réflexion sur la « Voie du bien », qui peut se comparer à la Voie du milieu du Bouddha. La Voie du bien en Égypte est régie par Maât, déesse de la rectitude. Une comparaison peut se faire entre ces deux courants de pensée philosophiques : pour les anciens Égyptiens comme pour les bouddhistes, la seule manière possible d'atteindre l'immortalité est de vivre en respectant la voie de la justice.*

1. *Idem*, p. 143.

La couronne de victoire

« Atoum a préparé pour la placer sur ton front une couronne de victoire, afin que, fidèle aux dieux, tu puisses vivre éternellement [...]. Le jour où Horus remporte la victoire sur Seth et ses démons, moi, défunt, je triomphe de mes ennemis[1]. »

Le combat que doit mener le défunt est semblable à celui qui oppose Horus à Seth et sa victoire est tributaire de celle du dieu.

Chapitre 23. Formule pour ouvrir la bouche du défunt

« Tu repousses tout ce qui vient de tes ancêtres. Accorde à ma bouche les pouvoirs de la Parole, afin que, à l'heure où règnent la nuit et les brouillards, je puisse diriger mon cœur. »

« Que le pouvoir de ma bouche me soit restitué, que je puisse prononcer devant le seigneur de l'au-delà les paroles de puissance. »

« Puisse Ptah ouvrir ma bouche ! Puisse le dieu de ma ville dénouer les bandelettes qui couvrent mon visage ! Puisse Thot, armé de la parole de puissance, enlever ces néfastes bandelettes, héritage de Seth ! [...] Puissent

1. *In* Grégoire Kolpaktchy, *op. cit.*, p. 146-147.

toutes les incantations dirigées contre moi laisser indifférents et fermes les dieux et les esprits qui les entendraient[1] ! »

Le défunt a besoin de la parole pour pouvoir se défendre durant tout son périple. Ce sont les dieux Ptah et Thot qui « délivrent » la bouche du mort. Sans la parole, le défunt ne pourra pas se défendre durant son périple ni se justifier face au tribunal d'Osiris. Grâce à la parole, le défunt est maître de sa survie ; il peut prononcer les formules magiques qui lui permettront de passer chacune des épreuves.

Le rituel d'ouverture de la bouche, similaire à celui pratiqué dans la tombe par un prêtre comme expliqué précédemment, permet aussi au Ka et au Bâ, séparés au moment de la mort, d'être réunis, pour que le mort puisse aller et venir à sa guise, et plus tard, après avoir été justifié, atteindre l'état Akh (béatitude).

Vers la fin, le défunt espère que tout ce qui sera dit contre lui ne sera pas entendu par les dieux et les

1. *Idem*, p. 150 à 152.

esprits. Encore une fois, le combat du mort pour acquérir l'éternité est comparé à celui d'Horus contre Seth.

Chapitre 25. Formule pour se remémorer son nom

« Que l'on me redonne mon nom [...]. Tout dieu qui ne viendrait pas à ma suite, je dirai son nom. »

Dans l'ancienne Égypte ainsi que dans toutes les civilisations où la magie est très présente, il était important de ne pas perdre son nom. En effet, le perdre était l'assurance de ne plus exister sur Terre et surtout dans l'autre vie, de ne pas accéder à l'immortalité. En même temps, reprendre son nom c'était se souvenir de qui on était, reprendre sa personnalité, et ainsi reprendre le contrôle de sa vie après la mort. Grâce à la connaissance des noms des différents dieux, le défunt peut même les menacer d'agir sur leur personnalité.

Chapitre 29. Formule pour que ne soit pas enlevée la pensée

« Je n'ai pas commis le mal, je suis proclamé juste.

« Mon cœur ne me sera pas enlevé. »

C'est une formule primordiale car, sans cela, le défunt sera privé de son cœur (siège de la pensée dans l'Égypte ancienne) et dans l'incapacité de vivre dans le monde des morts – en effet, le cœur représente la conscience du défunt, tout ce qu'il est et tout ce qu'il a fait. Et surtout, il lui sera impossible d'atteindre le tribunal d'Osiris, là où son cœur doit être pesé pour y être justifié.

Chapitres 29 (suite) et 30. Formules pour éviter de perdre son cœur et afin qu'il ne devienne pas un ennemi

« Mon cœur m'appartient [...]. Il ne me sera pas enlevé [...]. Il est heureux avec moi. »

« Puisse mon cœur *Ib* se trouver à sa place ! Puisse mon cœur *Hati* se trouver à sa place ! Que mon cœur demeure en paix avec moi[1] ! »

Comme le nom, le cœur est très important dans l'Égypte ancienne, puisqu'il est le siège de la pensée et des sentiments. Et il est celui qui conserve les souvenirs du défunt de sa vie passée sur Terre et qui lui permettra d'entrer dans le royaume des

1. *In* Grégoire Kolpaktchy, *op. cit.*, p. 154.

morts. Les cœurs Ib *et* Hati *représentent le cœur siège des sentiments et de la conscience pour le premier, et le cœur physique, siège du subconscient pour le second. De cette manière, le défunt s'assure que ni son cœur-conscience ni son cœur-inconscience ne diront du mal de lui.*

« Puissé-je avoir ma bouche afin de pouvoir parler, et mes jambes pour marcher. J'ai de nouveau la connaissance grâce à mon cœur. »
« Mon cœur, ne t'oppose pas à moi devant le tribunal. »

Le cœur représente le siège de la conscience, le défunt se souvient de sa vie sur Terre, de qui il est. Et il a besoin de cette conscience pour pouvoir se battre contre tous les démons qui se trouvent sur le chemin qui mène au monde des morts.

Le défunt priait son propre cœur de ne pas le trahir devant le tribunal des dieux, c'est-à-dire de ne pas « avouer » les mauvaises actions commises par lui durant sa vie. Car c'est bien grâce à la pureté de son cœur qu'il peut atteindre la vie éternelle dans les champs d'Ialou.

Chapitres 31 à 35. Formules pour vaincre l'ennemi dans le royaume des morts

« Je suis Râ et je suis sorti à l'horizon. Je me suis dressé en Horus, et je me suis assis en Ptah. J'ai été vaillant en Thot. J'ai marché avec mes jambes et j'ai parlé avec ma bouche. »

Le défunt prend les formes de plusieurs dieux ; de cette manière, il subit différentes transformations. La magie du nom est encore utilisée à ce moment : le défunt prend le nom de chaque dieu, s'appropriant ainsi totalement son identité et ses compétences. Car il est important pour le défunt que chacune des parties de son corps soit reconnue par les dieux pour la réalisation de sa résurrection. Comme chaque partie de son corps est une représentation magique d'un dieu, sa survie est assurée. Il dit par cela : je fais partie du Tout, je fais partie de l'Unité.

Chapitre 44. Formule pour ne pas mourir une seconde fois

« Mon caveau est ouvert, mon caveau est ouvert ! Les bienheureux tombent dans les ténèbres ; mais moi, l'œil d'Horus m'a sauvegardé [...]. Mes paroles sont celles d'un initié, je suis Rê qui se protège lui-même[1]. »

Le défunt peut sortir de son tombeau et y revenir. Mais, durant ses voyages, il peut à tout moment se « perdre », et être entraîné vers l'orient, loin du monde des morts et de l'éternité. Cette formule montre clairement l'importance de l'initiation aux mystères que suivaient les vivants. Le défunt, initié ou non durant sa vie terrestre, prétend l'être ici, puisque la possession même du Livre des morts *fait de lui ce qu'il prétend être.*

Invocation d'Isis et de Néphtys

« Salut, ô déesses-sœurs Isis et Néphtys ! Je vous annonce mes paroles de puissance ! Voici que, entouré de rayonnement, je navigue dans ma barque céleste. En vérité, je suis Horus, fils d'Osiris. J'arrive ici pour contempler Osiris, mon père[2]. »

Lors de cette invocation, le défunt justifie son titre de fils de dieux, méritant l'éternité. Ce n'est pas une supplique mais bien une fois encore une certitude pour lui.

---

1. *In* Paul Barguet, *op. cit.*, p. 87.
2. *In* Grégoire Kolpaktchy, *op. cit.*, p. 168.

Chapitre 54. Formules pour donner la brise au défunt

« Atoum, donne-moi la douce brise qui est dans ton nez. »

« Dressé au milieu de la barque de Râ, je récite les paroles des initiés et prie pour ceux dont le larynx n'est pas sorti indemne de l'épreuve de la mort. Et voici que le soir arrive, mon père céleste pèse mes actes et me juge [...]. Je vis une vie nouvelle, après la mort, pareil à Râ, renaissant tous les jours[1]. »

Le dieu Atoum est l'un des dieux créateurs. Par son souffle, sa brise donc, il donne la vie à toute chose. En demandant au dieu son souffle, le défunt lui demande de lui rendre la vie, le souffle vital. Debout dans la barque, le défunt prie pour tous ceux qui n'ont pu atteindre l'immortalité car, non initiés, ils n'ont pas prononcé les paroles de puissance. C'est au soir que le dieu le jugera et lui permettra ensuite de vivre l'éternité auprès des dieux.

« Je suis Atoum-Rê, le dieu grand, qui est venu à l'existence par lui-même. »

1. *Idem*, p. 168-169.

Le défunt s'identifie au dieu Atoum-Rê qui s'est créé lui-même. Par cela, il proclame qu'il est le seul responsable de sa résurrection. Cette pensée renvoie à ce que l'on appelle de nos jours l'autosuggestion, ou encore en magie la visualisation. Le défunt visualise sa résurrection, la survie de son âme et de son corps, et elle se réalise.

« Rê a ordonné à Thot de proclamer Osiris justifié, ce qui a été fait par moi, Thot. »

Là encore, le défunt est Osiris qui est justifié, c'est-à-dire reconnu d'âme pure ; en même temps, il est Thot, celui qui justifie le défunt-Osiris.

La pensée égyptienne considère que tous réunis nous ne faisons qu'un. Le multiple dans l'unique est très présent dans la religion égyptienne et dans ces textes. Le défunt et les dieux sont dissociables et en même temps indivisibles.

En cet instant où le défunt quitte définitivement le monde des vivants et entre dans son tombeau, il fusionne avec les différentes divinités qui vont l'aider à atteindre les champs d'Ialou.

« Je n'ai pas menti sciemment, je n'ai pas commis le mal. Donne-moi les pains qui proviennent des autels. »

Le défunt, assuré de sa droiture, demande au dieu grand la nourriture offerte par les vivants aux dieux, afin de pouvoir manger et donc de survivre dans la mort. Mais ce n'est pas de nourritures terrestres qu'il parle, mais de nourritures spirituelles qui lui permettront de renforcer son âme, sa volonté pour affronter toutes les épreuves.

Incantation pour ouvrir les portes du ciel

« Que les portes du vaste ciel s'ouvrent devant moi ! Que les portes de la terre humide soient déverrouillées devant moi[1] ! »

Le défunt prononce une supplique aux dieux afin qu'ils acceptent d'ouvrir les portes qui mènent aux champs d'Ialou ainsi que toutes celles qui parsèment le chemin qui y mène.

Chapitre 63. Formules pour manger et boire

Plusieurs formules existent pour permettre au mort de boire et de manger durant son périple, et éviter

1. *In* Grégoire Kolpaktchy, *op. cit.*, p. 194.

d'être desséché dans le royaume des morts. Le défunt doit vivre durant son voyage de la même manière que sur Terre ; il a donc les mêmes besoins en nourriture et en eau.

La transfiguration

Dans la troisième partie du Livre des morts, *le défunt voyage pour rejoindre le palais d'Atoum*[1] *et y subir douze transformations, comme les douze heures que doit traverser le dieu Rê. Ce sont les métamorphoses de l'âme, qui passe ainsi de l'individualité à la multiplicité. Maintenant l'âme du défunt sort à la lumière du jour grâce à la libération du cycle du temps. Grâce à la transfiguration, elle sort du cercle de l'existence de la même manière que pour les bouddhistes.*

« Je suis le gouvernail,
« Je suis le Maître du lever,
« Je suis celui qui préside. »

---

1. En fait, concrètement, le temple d'Atoum à Héliopolis.

La transfiguration est un changement d'apparence corporelle, une métamorphose révélant la nature divine du défunt. Dans le christianisme, le Christ subit une transfiguration lorsqu'il apparaît aux apôtres, leur montrant ainsi qu'il est le fils de Dieu.

Durant son voyage, le défunt subit des transfigurations ; il se reforme en retrouvant l'usage de la parole, la fonction de se nourrir, sa capacité à réfléchir. Mais il retrouve aussi ses membres, ses organes. Toutes les parties de son être, tels les morceaux d'Osiris, sont replacées ensemble par la magie des mots et par la volonté du défunt.

Dans tout le Livre des morts, *les formules sont accompagnées de phrases assurant la réussite du défunt et le fait que tout cela a été éprouvé des millions de fois. L'autosuggestion est partout.*

« J'ai embrassé le sycomore et il m'a protégé, les portes de la *Douât* m'ont été ouvertes, je suis venu voir Rê à son coucher [...], mes mains se sont purifiées en l'adorant, je puis désormais faire tout ce que font les vivants. »

Chapitres 64 à 72. Formule pour sortir au jour et ouvrir la tombe

« Les portes se sont ouvertes pour moi. Les portes de la Terre se sont ouvertes pour moi. Celui qui me gardait m'a délié [...] la bouche et m'a laissé sortir au jour. Celui qui connaît le livre [...], il peut sortir au jour. »

Le mort se défait de l'emprise du dieu Osiris qui le tenait lié (momifié), grâce aux multiples transfigurations qui lui ont permis de trouver une nouvelle forme de corps, et parce qu'il connaît les formules du Livre des morts, *et/ou qu'il y a été initié.*

Chapitres 76 à 88. Formules pour prendre tous les aspects que l'on désire

Celui qui connaît ces formules sur Terre, ou si elles sont inscrites dans le sarcophage du défunt, alors celui-là pourra sortir au jour, sous tous les aspects qu'il désire prendre, puis rentrer dans son tombeau sans être repoussé.

« Je serai ce que tu es, je serai un avec le dieu grand [...]. Je m'envole et je me pose en faucon. »

Chapitre 79. Formule pour faire partie de la corporation des dieux

« Je suis Atoum, le créateur du ciel, Maître de ce qui est, Maître de la vie… »

Le défunt se décrit comme étant le fils ou la fille d'Atoum. Il se présente comme de la lignée des dieux et donc demande à faire partie de leur communauté. Il se prétend même le créateur de l'univers ainsi que des dieux.

Chapitre 83. Formule pour devenir le phénix

« Je suis venu à la vie comme Khépri. »

Khépri, celui qui vient à l'existence, est le symbole de la renaissance. Il est représenté sous la forme d'un homme à tête de scarabée ou comme un scarabée poussant devant lui le disque solaire. Il est la représentation du Soleil lorsqu'il se lève. Tel le phénix, oiseau doté de la capacité de renaître après s'être consumé, ou le scarabée, le défunt a lui aussi la capacité de renaître et cela grâce à la vie qu'il a menée avant sa mort, le savoir qu'il a acquis et qui fait de lui un initié ; ainsi que toutes les formules qu'il doit réciter. Il va subir des renaissances, des transformations, et cela chaque fois qu'il passera une épreuve.

Chapitre 85. Formule pour prendre l'aspect d'une âme vivante

« Je suis l'âme de Râ née de l'océan céleste [...], la vue du mal me remplit d'horreur, je pense au bien et ne vis que par la vérité et la justice. Mon nom sacré [le nom de l'âme divine] est pur de tache. En mon pouvoir de dieu Khépri, je crée mon être et l'être de l'océan céleste. Je suis le maître de la lumière. La mort m'emplit d'horreur, de dégoût[1]. »

Le défunt subit durant cette partie du livre plusieurs transformations qui lui permettent de purifier son âme et de fortifier ses pensées avant de se présenter devant le tribunal. Cette formule du chapitre 85 lui permet de prendre l'aspect de l'âme divine, c'est-à-dire d'acquérir l'âme pure du dieu créateur.

Chapitres 97 à 99. Formules pour monter dans le bac

« Passeur, amène-moi ce bac. »

« Ô vous qui ramenez le bac de Noun de dessus ce mauvais écueil, amenez-moi le bac, attachez-moi les

1. *In* Grégoire Kolpaktchy, *op. cit.*, p. 244.

cordages ! Bienvenue ! Venez vite ! Hâtez-vous vite ! Je suis venu pour voir mon père Osiris[1]. »

Plusieurs formules permettent de faire venir le bac vers le défunt. Grâce à lui, le mort peut traverser le lac qui le sépare du ciel. Dans de nombreuses mythologies, on retrouve ce bac et le passeur qui emmène le défunt jusqu'au monde des morts. Dans l'Égypte ancienne, le défunt devait connaître les prières pour s'assurer que le passeur ne l'emmènerait pas vers l'orient, qui représente le monde des morts, mais vers l'occident, là où se trouvent les dieux et les justifiés.

Chapitres 100 et 101. Formule pour demeurer dans la barque de Rê

« Je suis le dieu grand, dans sa barque, qui combat pour toi ! »

Le défunt s'identifie aux dieux durant tout le déroulement du Livre des morts. *Il prend ici la place d'Osiris, qui sur sa barque défend le dieu Rê contre le dieu Apophis. Il s'identifie totalement au dieu solaire dans sa barque et suit son périple dans la* Douât *comme lui-même, mort, suit un chemin vers la résurrection.*

1. *In* Paul Barguet, *op. cit.*, p. 135.

Le défunt suit le trajet que la barque parcourt dans la voûte céleste puis « redescend » vers le monde inférieur où il va subir les épreuves. Il peut faire ce trajet à plusieurs reprises, se fortifiant et se purifiant chaque fois un peu plus, tout comme il va se régénérer à travers un cycle de transformations.

Il rentre dans l'obscurité au moment de sa mort et sort à la lumière au début du « processus » de résurrection. Il fait donc le même voyage que le Soleil qui entre dans la bouche de la déesse Noun chaque soir, puis sort de son ventre le matin, symbole de la renaissance.

Le défunt combat pour protéger le dieu grand. S'identifiant ainsi totalement aux dieux, il devient leur égal et mérite donc d'être justifié.

Ce voyage a bien entendu une symbolique initiatique. C'est le voyage que doit faire tout homme pour atteindre la sagesse, pour atteindre l'aboutissement de toute vie, tel Ulysse.

À chaque instant de son voyage, le défunt est revitalisé par le dieu, mais lui aussi apporte sa force et sa vitalité au dieu Rê. Il y a comme un échange d'énergie qui n'est possible qu'à travers les différents rituels écrits dans le Livre des morts. *C'est par la volonté du défunt initié que tout cela peut se réaliser.*

Chapitre 125. Formules pour entrer dans la salle des deux Maât (le tribunal d'Osiris)

« Que l'on dise cette formule en étant pur, vêtu d'habits de lin, chaussé de sandales blanches, maquillé et oint de myrrhe. »

« Salut, dieu grand, Maître des deux Maât. Je te connais, et je connais le nom des quarante-deux dieux qui sont avec toi dans cette salle. »

Le défunt est accueilli par le dieu Anubis, qui l'amène vers la salle du tribunal où siègent Osiris ainsi que quarante-deux assesseurs. Thot se tient auprès de la balance qui va peser le cœur du défunt, et il prendra note du verdict du jugement divin. Comme tout au long du Livre des morts, *le défunt fait la remarque qu'il connaît le nom de tous ceux qui sont présents.*

Comme un mot de passe ou une formule magique, le défunt s'assure que les dieux accéderont à sa demande et cela, une fois de plus, grâce à sa connaissance des noms des dieux.

La pesée de l'âme et la confession négative

« Salut à Toi, Dieu du Temple de l'Âme, qui pèse les Cieux et la Terre dans la balance. Thot et Maât sont tes greffiers. Ton ennemi est donné au feu. Le mal est tombé, bras et jambes liés. »

Au moment du jugement de l'âme, le défunt essaie de se justifier en faisant la « confession négative », dans laquelle il énonce tout ce dont il ne s'est pas rendu coupable de son vivant.

La confession négative sur le papyrus de Nu[1] *:*

« Salut, dieu grand, Seigneur de Vérité et de Justice,
« Maître puissant ! Voici que j'arrive devant toi !
« Laisse-moi donc contempler ta rayonnante beauté !
« Je connais ton Nom magique et ceux des quarante-deux divinités
« Qui dans la vaste Salle de Vérité-Justice t'entourent

1. Papyrus de la XVIIIe dynastie conservé au British Museum (n° 10477). Traduction de Grégoire Kolpaktchy, *op. cit.*

« Le jour où l'on fait le compte des péchés devant Osiris ;
« Le sang des pécheurs leur sert de nourriture,
« Ton Nom est : "Le-Seigneur-de-l'ordre-de-l'Univers-
« Dont-les-deux-Yeux-sont-les-deux-déesses-sœurs".
« Voici que j'apporte dans mon Cœur la Vérité et la Justice,
« Car j'en ai arraché tout le Mal [...].
« Je n'ai pas causé de souffrance aux hommes.
« Je n'ai pas usé de violence contre ma parenté.
« Je n'ai pas substitué l'Injustice à la Justice.
« Je n'ai pas fréquenté les méchants.
« Je n'ai pas commis de crimes.
« Je n'ai pas fait travailler pour moi avec excès.
« Je n'ai pas intrigué par ambition.
« Je n'ai pas maltraité mes serviteurs.
« Je n'ai pas blasphémé les dieux.
« Je n'ai pas privé l'indigent de sa subsistance.
« Je n'ai pas commis d'actes exécrés des dieux.
« Je n'ai pas permis qu'un serviteur fût maltraité par son maître.
« Je n'ai pas fait souffrir autrui.
« Je n'ai pas provoqué de famine.
« Je n'ai pas fait pleurer les hommes mes semblables.
« Je n'ai pas tué ni ordonné de meurtre.

« Je n'ai pas provoqué de maladies parmi les hommes.

« Je n'ai pas dérobé les offrandes dans les temples.

« Je n'ai pas volé les pains des dieux.

« Je n'ai pas dérobé les offrandes destinées aux Esprits sanctifiés.

« Je n'ai pas commis d'actions honteuses dans l'enceinte sacro-sainte des temples.

« Je n'ai pas diminué la ration de l'offrande.

« Je n'ai pas essayé d'augmenter mes domaines en usant de moyens illicites, ni d'usurper les champs d'autrui.

« Je n'ai pas manipulé les poids de la balance ni son fléau.

« Je n'ai pas enlevé le lait à la bouche de l'enfant.

« Je ne me suis pas emparé du bétail sur les prairies.

« Je n'ai pas pris au piège de volaille destinée aux dieux.

« Je n'ai pas pêché de poisson avec des cadavres de poissons.

« Je n'ai pas obstrué les eaux au moment où elles devaient couler.

« Je n'ai pas coupé les barrages établis sur les eaux courantes.

« Je n'ai pas éteint la flamme d'un feu au moment où il devait brûler.

« Je n'ai pas violé les règles sur les offrandes de viande.
« Je n'ai pas pris possession du bétail appartenant aux temples des dieux.
« Je n'ai pas empêché un dieu de se manifester.
« Je suis pur ! Je suis pur ! Je suis pur ! Je suis pur !
« J'ai été purifié comme l'a été le grand Phénix d'Héracléopolis.
« Car je suis le Seigneur des Respirations
« Qui donne la vie à tous les Initiés
« Au jour solennel où l'Œil d'Horus, en présence du Seigneur divin de cette Terre, culmine à Héliopolis.
« Puisque j'ai vu culminer à Héliopolis l'Œil d'Horus, puisse aucun mal ne m'arriver dans cette Région, ô dieux, ni dans votre vaste Salle de Vérité-Justice !
« Car je connais les Noms de ces dieux,
« Qui entourent Maât, la grande divinité de la Vérité-Justice. »

Anubis accompagne le défunt jusqu'à la balance. Le dieu à tête de chacal vérifie la balance. Puis Maât, la déesse de la Justice et de l'Équité, vient et pose sa plume dans un des plateaux. Le défunt donne son cœur à Anubis qui le dépose dans le second plateau. Il doit y être comparé à la plume de Maât. Derrière la balance se trouve Ammout, la dévoreuse aux jambes d'hippopotame, au corps de lionne et à la tête de crocodile, la gardienne du royaume des morts qui empêche les malfaisants d'y entrer. Elle dévore le cœur du défunt si celui-ci est plus lourd ou plus léger que la plume de Maât[1]*. Mais si le cœur et la plume sont équilibrés, l'âme devient justifiée, c'est-à-dire juste de voix.*

« Je suis pur ! Je suis pur ! Je suis pur ! Ma pureté est celle de ce grand phénix qui est à Héracléopolis. Je suis bien le nez du Maître des souffles. Il ne m'arrivera pas de mal en ce pays, dans cette salle des deux Maât, car je connais le nom des dieux qui s'y trouvent. »

Même si la balance restait équilibrée, l'épreuve n'était pas terminée. Le Ka *devait nommer chacun des démons présents et réciter de nouveau la confession négative. S'il se trompait, le démon le dévorait aussitôt. Une fois cette épreuve réussie, le défunt était autorisé à s'approcher d'Osiris et à l'implorer afin d'obtenir le droit de se rendre vers le séjour*

1. Plus lourd signifierait que le défunt s'est rendu coupable de beaucoup de mauvaises actions, alors que le cœur plus léger serait le signe d'une inaction. Encore une fois, la voie du milieu est désignée comme la seule valable.

des bienheureux après avoir prononcé le nom secret du seuil ainsi que ceux de chaque boiserie de la porte.

Confession négative à dire aux démons

« Ô celui qui marche à grandes enjambées, originaire d'Héliopolis, je n'ai pas commis l'iniquité.

« Ô celui qui active la flamme, originaire de Memphis, je n'ai pas dit de mensonges.

« Ô le Ténébreux, originaire des ténèbres, je n'ai pas insulté.

« Ô l'Encorné, originaire d'Assiout, je n'ai pas été bavard.

« Salut à vous, dieux, qui êtes dans cette salle des deux Maât ! Je vous connais, je connais vos noms ;

« Je ne tomberai pas sous vos coups, vous direz les choses équitables qui me reviennent, devant le Maître de l'Univers. »

Il faut bien comprendre que les anciens Égyptiens ne croyaient pas qu'il suffisait de mentir pour accéder aux champs d'Ialou, mais plutôt de montrer aux dieux par la connaissance des formules que l'on était respectueux de leurs lois et donc méritant d'entrer dans les champs d'Ialou.

Paroles dites par le défunt aux quatre fils d'Horus

« Ô vous, quatre babouins qui siégez à l'avant de la barque de Rê [...] dont le cœur est exempt de mensonges, enlevez mes fautes [...]. Faites que j'ouvre la grotte et que j'entre dans Ro-sétaou ! Viens, nous enlevons tes fautes, nous effaçons tes péchés... Entre dans Ro-sétaou, tu sortiras et entreras à ton gré comme ces bienheureux. »

Le défunt demande aux quatre fils d'Horus, protecteurs des viscères et organes de celui-ci, d'ouvrir la grotte, d'ouvrir le passage qui mène vers les champs d'Ialou.

Une fois justifié par la pesée de l'âme et par les deux confessions négatives, le défunt s'approche d'Osiris.

Formule d'adoration à Osiris

« Salut à Toi, Osiris justifié. Maître de l'occident... Je suis venu à Toi. »

Enfin, le défunt arrive dans les champs d'Ialou où il retrouve le monde qu'il avait connu avant, mais sans les contraintes puisqu'il a avec lui des serviteurs, les chaouabtis.

La glorification

Cette dernière partie du Livre des morts *concerne le voyage du défunt dans la barque de Rê, son identification totale à ce dieu et le culte à lui rendre en tant que divinité, ainsi qu'une description du royaume des morts. Le mort justifié est devenu l'égal du dieu, et pour cela mérite un culte, des offrandes, des prières dites à des jours précis. Cette pensée se rapproche de celle de la béatitude dans la religion bouddhiste. L'être justifié acquiert une telle pureté qu'il devient un dieu lui-même. Puis la seconde partie de la glorification montre les quatre fils d'Horus protégeant l'âme du défunt qui finit par devenir lui-même un des fils du dieu.*

Chapitre 130. Formule pour faire vivre l'âme durant l'éternité

« Le ciel s'ouvre, la terre s'ouvre, l'Occident s'ouvre, l'Orient s'ouvre… les portes s'ouvrent pour Rê, afin qu'il sorte de l'horizon... l'Osiris-N ne marchera pas dans les ténèbres[1]. »

Le défunt, justifié devant les dieux, voit s'ouvrir devant lui les portes de la vie éternelle. Il est maintenant dans la lumière, la vérité donc. Rê, le dieu Soleil, peut se lever sur le monde des morts car le défunt a terminé son passage initiatique.

Pour que l'âme ne soit pas capturée dans l'au-delà

« Ô toi, très haut, dont l'âme puissante est partout vénérée ; toi qui sèmes la terreur et verses une partie de ta puissance dans les âmes des dieux, immenses sur leurs trônes ! Regarde ! Me voici qui parcours les routes des esprits bienheureux ! La protection magique plane sur mon âme. Elle garantit de toute attaque mon esprit et mon ombre. En vérité, je suis un esprit parfait et se dirigeant vers l'endroit où il trouvera Râ et Hathor[2]. »

Le défunt fait face au dieu très haut qui est tout-puissant et dont tout le monde, y compris les

1. *In* Paul Barguet, *op. cit.*, p. 171.
2. *In* Grégoire Kolpaktchy, *op. cit.*, p. 254-255.

autres dieux, craint la colère. Le mort, prudemment, lui montre que son âme est protégée, ainsi que son esprit et son ombre.

Chapitre 131. Formule pour être auprès de Rê

« Je suis ce Rê qui brille la nuit ; tout homme qui est à sa suite, il vit dans la suite de Thot, il fait les apparitions de cet Horus la nuit[1]. »

Le défunt, maintenant qu'il est justifié, doit prendre place sur la barque auprès du dieu Rê afin d'être totalement admis dans le monde des morts, dans les champs d'Ialou. Il est le dieu Rê lui-même, celui qui éclaire les hommes. Il est la représentation, le rayonnement du dieu Rê dans l'Amenti. Le défunt justifié sera considéré par les vivants comme un dieu vénéré, qu'aucun mal ne pourra atteindre et qui vivra éternellement. Il mangera et boira avec Osiris tous les jours, il pourra sortir au jour et il sera adoré par les hommes.

1. *In* Paul Barguet, *op. cit.*, p. 173.

Chapitre 132. Formules pour retourner dans sa maison sur terre

« Je suis le lion qui sort avec un arc, j'ai tiré, j'ai pris au filet. L'œil d'Horus m'appartient, j'ai ouvert l'œil d'Horus en ce moment, je suis parvenu aux rivages. »

« Viens en paix, Osiris-N[1]. »

« Je suis le dieu Lion. À grandes enjambées je parcours le Ciel. Voici que je bande mon arc et que j'abats ma proie. À présent, j'arrive devant les canaux et je passe à travers l'œil d'Horus. En vérité, je suis moi-même l'œil d'Horus ! Ô dieux ! Laissez-moi avancer en paix[2] ! »

Au cours de la bataille que se sont livrée le dieu Seth et le dieu Horus – Horus voulant venger son père Osiris –, le dieu Seth a perdu ses testicules et Horus son œil. Il est remplacé par l'œil Oudjat[3],

1. Marie Delclos et Jean-Luc Caradeau, *Le Livre des morts égyptien décrypté*, Éditions Trajectoire, 2007, p. 398.

2. *In* Grégoire Kolpaktchy, op. cit., p. 336.

3. Littéralement : l'« œil préservé ». Thot repêcha l'œil arraché et découpé par Seth et le reconstitua pour Horus.

l'œil qui voit tout, c'est-à-dire aussi l'invisible. Le défunt détient le pouvoir de restaurer la complétude en détenant l'œil d'Horus.

Chapitres 133 à 135. Formules pour glorifier le bienheureux

« […], l'Osiris-N est Horus, Isis sa mère l'a mis au monde, Néphtys l'a bercé, comme elles l'ont fait pour Horus et elles ont repoussé [le mal], les confédérés de Seth. »

Ces chapitres sont plus à l'usage des vivants qu'à celui du défunt. Ce sont des formules de consécration et de protection qui permettent aux vivants d'apporter une aide au mort.

Pour ne pas naviguer vers l'est dans l'au-delà

« […], moi, je suis devenu plus fort que les forts, plus vigoureux que les vigoureux […]. Si pourtant, embarqué malgré moi, j'étais emmené vers l'orient à travers le passage redoutable des deux cornes ; si les démons me torturaient, festoyaient sur mon âme […]. Que les démons ne me saisissent pas ni ne m'entraînent vers l'orient, où ils voudraient festoyer sur mon âme ! Qu'ils ne me causent pas de mal ! Qu'ils ne me massacrent pas[1] ! »

Dans cette prière, on a la description très désagréable des risques encourus par le défunt s'il n'est pas assez fort pour ne pas se laisser entraîner vers l'orient. Bien que justifié, son voyage n'est pas terminé. S'il échoue dans cette ultime étape, il finira dans un monde où il subira des tortures pour l'éternité.

Chapitre 136. Formule de navigation dans la barque solaire pour traverser le cercle de flammes

« Ô flamme qui brille autour de la barque de Rê et forme un faisceau qui la protège contre l'ouragan [...]. Que vogue la barque [...]. J'ai traversé le cercle de flammes qui est autour du dieu. »

Le défunt est sur la barque solaire au côté du dieu grand. Il s'y tient pour défendre Rê. Il prouve par sa valeur qu'il est l'égal des dieux. C'est pour cela qu'il n'a pas été détruit par les rayons solaires (les flammes) qui entourent l'embarcation divine.

1. *In* Grégoire Kolpaktchy, *op. cit.*, p. 257.

Pour demeurer auprès de la déesse Hathor

« Voici que, purifié, j'arrive ! Regarde, ô dieu ! Regarde ! En vérité, je me trouve, en ce moment, parmi les serviteurs d'Hathor[1] ! »

Le défunt, proclamé juste, se présente comme le serviteur d'Hathor, déesse de l'amour et des arts. Elle est considérée comme étant l'œil de Rê, la confidente du dieu grand. Être à son service prouve une fois encore la très grande valeur du défunt.

***Pour pénétrer au* Ro-sétaou**

« Je parcours la vallée du grand lac. Car j'ai fait de mes ennemis triompher Osiris ; je suis un dieu comme vous autres, ô dieux ! Sachez, esprits divins ! Le maître de l'éternité lui-même me protège[2] ! »

Le défunt se présente comme celui qui a permis à Osiris de triompher de ses ennemis, c'est-à-dire de la mort elle-même. Il se dit être un dieu comme les autres une fois de plus. Il ne les craint pas puisqu'il est protégé par le grand dieu.

1. *Idem*, p. 272.
2. *Idem*, p. 294.

Pour pénétrer dans l'Amenti

« – Ouvrez-moi les portes !

« – Réponds d'abord, ô âme ! Qui es-tu ? Où vas-tu ? Es-tu capable des métamorphoses ?

« – Ainsi que vous, je suis un esprit divin, ô dieux ! »

Même s'il a été reconnu justifié, le défunt doit prouver qu'il est capable de se métamorphoser, c'est-à-dire, comme tous les dieux égyptiens, de prendre plusieurs aspects, tel le Soleil qui est Rê-Khépri le matin avant de devenir Rê-Horakhty le midi et Rê-Atoum au couchant.

Chapitre 137. Formule pour faire naître une flamme derrière la tête du bienheureux

« J'ai adoré ton nom [...]. Tu as placé la flamme derrière la tête de Rê et il est dans la *Douât.* »

Doit-on voir par l'image de la flamme derrière la tête du défunt justifié une allégorie de son essence divine, comme la flamme au-dessus de la tête des apôtres ? La flamme est la marque de sa justification, la preuve qu'il mérite la vie éternelle.

Paroles à prononcer à l'entrée du sanctuaire de Maât

« Ô Maât ! Voici que j'arrive devant toi. Laisse-moi contempler ta rayonnante beauté ! Regarde ! Mes bras sont levés en adoration de ton nom saint ! Ô Vérité-Justice, écoute ! [...] J'arrive ici pour contempler les dieux, les grands, et pour entrer en possession de la vie éternelle[1]. »

Le défunt se présente maintenant devant Maât, déesse de la Vérité, de la Justice et de la Rectitude. C'est elle qui a jugé l'âme du défunt, c'est elle qui est garante du bon équilibre du monde, qu'il soit celui des vivants ou celui des morts. Passer par son sanctuaire est obligatoire pour le mort.

Chapitres 144 à 148. Formules pour passer les sept portes

Le passage des portes

Tout au long de son cheminement, le défunt devait passer des portes marquant des épreuves, c'est-à-dire en fait des étapes ou des renaissances devant

1. *Idem*, p. 301-302.

le préparer à l'épreuve finale. Or ces portes étaient chacune gardées par des divinités appelées les « gardiens des portes ». Il fallait prononcer la formule rituelle et le nom du gardien de chaque porte pour que celui-ci accepte de l'ouvrir.

« Pousse-toi de mon chemin ! Je te connais ! Je connais ton nom ! »

Et la divinité répondait :

« Passe ! Car tu es pur. »

*La magie du nom (*Ren*) est de nouveau évoquée : en connaissant son nom caché, on peut dominer le dieu et ainsi prouver que l'on est initié aux rituels de la religion et donc que l'on mérite de poursuivre la route vers Osiris, c'est-à-dire la vie dans l'au-delà.*

Les portes sont plutôt comme des sas qui se ferment hermétiquement derrière le défunt, empêchant tout impur de pénétrer dans la Douât.

Pour demeurer aux côtés de *Rê*

« Je suis Râ dont le rayonnement embrasse la Nuit. Tout homme qui le suit suit Thot et participe de la Vie Éternelle [...]. Mon cœur se réjouit, car je suis un de ces

Êtres dont les ennemis ont été détruits par les Princes des dieux. Ayant reçu son arme de fer, je parcours la route près de Râ. Voici que je viens vers toi, ô Râ, mon père divin[1] ! »

Le défunt justifié se trouve parmi les dieux et agit comme tel. Il est armé par eux et se bat avec eux afin de protéger la barque solaire.

Chapitres 149 et 150. Formules pour honorer les buttes[2]

« Ô cette butte de l'Occident où l'on vit de gâteaux et de cruches de bière, enlevez vos coiffes à mon approche car je ressemble au plus grand d'entre vous[3]. »

Les buttes ou îles sont des supports sur lesquels se tiennent les dieux. En observant les vignettes, on se rend compte que ceux-ci ont un couteau dans la main, comme sur la défensive, prêts à attaquer le défunt qui, passant près d'eux, ne pourrait prononcer leur nom.

1. *Idem*, p. 334.
2. *In* Paul Barguet, *op. cit.*, p., 213-214.
3. Chapitre 149, Première butte, dite la « Butte verte ».

Pour ravitailler le défunt en offrandes

« Salut, ô toi qui reluis dans le disque solaire ! Voici que, âme de la Vie universelle, tu parais à l'horizon. En vérité, je te connais et je connais ton nom. Et les noms des sept vaches et celui du taureau. Ô vous, esprits qui nourrissez d'offrandes les défunts dans l'au-delà, apportez-les-moi et laissez-moi séjourner dans votre entourage[1]. »

Ce texte est accompagné d'une vignette représentant le défunt adorant Rê. À ses côtés se tiennent sept vaches et un taureau qui semblent donc être la représentation des esprits qui nourrissent l'âme des défunts qui ont été justifiés.

Pour que le corps ne pourrisse pas

« Ô Osiris, mon père divin, salut ! Voici que j'arrive devant toi pour embaumer tes membres ! Fais embaumer mes membres, afin que je ne périsse point, afin que je devienne pareil au dieu Khepra[2], maître des métamorphoses, qui, lui, ignore la putréfaction. Accorde-moi, ô Osiris, une forme qui soit pareille à celle de

1. *In* Grégoire Kolpaktchy, *op. cit.*, p. 364.
2. Autre transcription de Khépri.

ce dieu ! […] Toi qui protèges tous ceux qui te ressemblent[1]. »

Le défunt certain de son éternité doit tout de même s'assurer de la pérennité de son corps. Il demande donc à Osiris, premier être à avoir été embaumé, de protéger sa momie et de lui permettre d'être tel Khépri, le dieu scarabée, qui symbolise la renaissance quotidienne du Soleil.

Chapitre 156. Formules du nœud d'Isis et du pilier Djed

« Ô Isis ! Que ton sang agisse ! Que ton rayonnement agisse ! Que la force de ta magie agisse ! Protège, ô déesse, ce puissant esprit et garde-le à l'écart des démons qui lui inspirent horreur et dégoût[2]. »

« Tu as ton sang, Isis ; tu as ton pouvoir magique, Isis ; tu as ta magie, Isis, l'amulette qui est la protection de ce grand dieu[3]. »

Isis est aussi la déesse de la magie. Le nœud d'Isis est tel le cordon ombilical qui relie l'enfant à sa mère, le mort à la vie. La magie rend le défunt invi-

1. *In* Grégoire Kolpaktchy, *op. cit.*, p. 390.
2. *Idem*, p. 395.
3. *In* Paul Barguet, *op. cit.*, p. 225.

sible aux démons. En voyant le nœud sacré au cou du justifié, Horus le reconnaît comme son pareil et lui indique le chemin vers les champs d'Ialou. Le défunt doit réciter ces paroles au-dessus d'une boucle de cornaline incrustée dans une tablette de bois. Celle-ci doit être placée au cou du mort. Ainsi les pouvoirs magiques de la déesse Isis protégeront le défunt tout au long de son voyage.

Pour construire une demeure dans le monde inférieur et pour y paraître sous les traits d'un être humain

« Que la paix soit sur toi ! Voici que, devenu un esprit sanctifié, au sein de l'œil divin tu pénètres en paix. Tu es sanctifié dans ton âme, et ton ombre regarde attentivement, en silence [...]. Que mon âme m'éclaire donc au sein de Râ ! Qu'elle me sanctifie dans le temple [...]. Que mon âme puisse rester debout ou s'asseoir ou entrer dans la demeure de mon corps devenu une divinité stellaire obéissant aux ordres d'Osiris. Elle est en mouvement nuit et jour, et suit les rythmes des fêtes[1]. »

---

1. *In* Grégoire Kolpaktchy, *op. cit.*, p. 468-469.

Voilà le voyage du défunt terminé. Il peut enfin se reposer dans sa demeure éternelle, près des autres âmes justifiées et des dieux dont il est devenu le semblable. Son âme est le Soleil et suit le même chemin que lui, éternellement.

Un guide spirituel pour les vivants

Le *Livre des morts* n'est-il qu'un recueil pour les morts ? Ne pourrait-il pas être aussi, et peut-être avant tout, un guide spirituel pour les vivants ?
Comme dans toute œuvre initiatique, le lecteur, même peu aguerri, sent bien qu'il y a de toute évidence plusieurs degrés de lecture de ces textes. Le *Livre des morts*, ainsi que tous ceux ayant existé avant, doit être considéré également comme un livre initiatique – pour le pharaon d'abord, puis pour le clergé et les dignitaires, et enfin pour tout Égyptien.

Une règle de vie pour gagner le paradis

Les anciens Égyptiens étaient persuadés que les morts, tout comme les vivants, avaient besoin de constantes attentions. Ainsi un Égyptien préparait méticuleusement de son vivant sa vie dans l'au-delà. Il prenait soin de la construction de sa tombe et de l'achat du mobilier funéraire. Il veillait à s'assurer la dotation d'un culte funéraire destiné à perpétuer son nom et de lui assurer ainsi la vie éternelle. Il choisissait enfin les formules qu'il jugeait les mieux adaptées pour la sauvegarde et la survie de son âme et de son corps.

Au premier degré de lecture, les formules et conseils du *Livre des morts* doivent effectivement guider le défunt à travers les épreuves à affronter pour atteindre le monde des morts. L'aspect tout-puissant du Verbe et des formules rédigées par les prêtres pouvait suffire au commun des mortels. Par leur seule existence et connaissance, ces textes permettaient à n'importe quel homme de triompher de toutes les épreuves une fois mort :

> *Chapitre 72. « Celui qui connaît ce livre sur Terre […], il peut sortir au jour sous tous les aspects qu'il peut prendre et rentrer à sa place sans être repoussé*[1]. »

1. *In* Paul Barguet, *op. cit.*, p. 111.

Toutefois, déjà à ce premier niveau de lecture, ces formules constituent également un guide permettant aux hommes de suivre de leur vivant la voie de Maât, c'est-à-dire de vivre dans la rectitude et la justice (le concept de Maât ressemble à l'enseignement du Bouddha : ni trop ni pas assez, mais le juste milieu).

Le *Livre des morts* peut pour cela être rapproché d'ouvrages de sagesse tel le merveilleux livre intitulé *L'Enseignement de Ptahhotep*, qui regroupe les principes de vie rédigés par le vizir Ptahhotep vers 2400 avant notre ère[1]. Il est le plus ancien écrit de sagesse connu. Vers la fin de sa vie, Ptahhotep demanda au pharaon l'autorisation de transmettre au fils de ce dernier ses préceptes de vie. L'ouvrage servit donc tout d'abord à l'éducation du futur pharaon, mais son usage s'étendit rapidement à tous les futurs dignitaires.

Sa première maxime est :

---

1. Les autres livres de sagesse (autres que politiques ou simplement destinés au respect des rites funéraires) les plus connus sont : *L'Enseignement pour Merikarê* (vers 2000 avant notre ère) et *La Sagesse d'Aménémopé* (daté de 1298 avant notre ère).

> *« Que ton cœur ne soit pas vaniteux à cause de ce que tu connais ; prends conseil auprès de l'ignorant comme auprès du savant, car on n'atteint pas les limites de l'art, et il n'existe pas d'artisan qui ait acquis la perfection. Une parole parfaite est plus cachée que la pierre verte ; on la trouve pourtant auprès des servantes qui travaillent sur la meule*[1]. »

Le chapitre intitulé « Confession négative » est en cela le plus simple de lecture et de compréhension. En récitant la confession négative, le mort se débarrasse effectivement d'éventuelles mauvaises actions, mais il rappelle surtout les règles qu'il a tâché de suivre toute sa vie.

On retrouvera cette tradition de la confession plus tard à Rome, notamment chez les tenants du culte d'Isis, où elle doit se faire avant tout espoir de guérison.

Certaines maximes de ces livres de sagesse reprennent exactement les crimes niés dans la confession négative du *Livre des morts*. Ainsi, par exemple, le « Je n'ai

---

1. *In* Christian Jacq, *Les Maximes de Ptah-Hotep*, Maison de Vie, 2004.

pas essayé d'augmenter mes domaines en usant des moyens illicites, ni d'usurper les champs d'autrui » du papyrus de Nu[1] renvoie directement au « Que ceux qui désirent être propriétaires ne se rendent pas prospères en creusant des sillons dans les terres d'autrui » du *Livre de sagesse d'Aménémopé*.

Un manuel initiatique

Un second degré de lecture s'adresse clairement aux initiés. Durant toute sa vie, un Égyptien pouvait suivre un enseignement qui faisait de lui un initié aux mystères[2]. Les prêtres n'avaient pas la prérogative de la connaissance ésotérique, spirituelle ou magique. Ces sciences étaient également accessibles aux scribes et à toute personne instruite, cela grâce entre autres au *Livre des morts*, qui peut être considéré comme la partie écrite d'une véritable initiation devant permettre à l'homme de sortir de son état pour percevoir le divin, afin non pas de mieux s'y fondre totalement après sa mort, mais de renaître de son vivant avec une âme régénérée. Le

1. British Museum, n° 10477.
2. Au sens des mystères antiques. Cf. Walter Burkert, *Les Cultes à mystères dans l'Antiquité*, Les Belles Lettres, 2003.

titre « Sortir à la lumière » indique bien qu'il s'agit d'un recueil concernant la transfiguration de l'âme, un livre sur l'accession à la sagesse, et même au-delà : à l'Éveil.

Dès lors, chaque parole doit être perçue dans un sens symbolique et allégorique et non plus au premier degré, exactement comme l'eucharistie chez les chrétiens par exemple. La principale difficulté vient de ce que les clés de cette grille de lecture sont aujourd'hui pratiquement toutes perdues, même si certaines traditions (hermétisme et alchimie essentiellement) semblent pouvoir en fournir encore certaines.

La troisième partie du *Livre des morts*, celle consacrée aux transformations et à la transfiguration, est clairement celle qui témoigne le plus du rôle initiatique de l'ouvrage, destiné aux vivants.

Dans le *Livre des morts* du prêtre Hornedjitef[1] conservé au musée du Louvre, les formules données dans les différents chapitres sont censées permettre au mort de se transformer pratiquement à volonté,

1. Il est daté de l'époque ptolémaïque, plus précisément du Ier siècle avant notre ère, et pourrait être l'un des derniers livres des morts écrits.

et plus spécifiquement en oiseau (faucon doré au chapitre 77, faucon divin au 78, phénix au 83, héron au 84, ou encore hirondelle au 86), en reptile (serpent au chapitre 87), en plante (nénuphar au chapitre 81), en fonctionnaire de haut rang (doyen du tribunal au chapitre 79), ou encore en dieu ou âme divine (chapitre 80, Atoum au chapitre 85, ou encore Sobek au 88).

Or dans le cas des oiseaux par exemple, il est évident que le faucon doré et le faucon divin renvoient directement à Horus, dont la naissance miraculeuse (Isis le conçoit d'Osiris alors qu'elle n'a pas réussi à ranimer ce dernier) peut être assimilée à celle de l'initié à son nouvel état. Plus grand, Horus est le porteur de lumière, celui qui vit de la Vérité. Le phénix, qualifié d'étoilé dans d'autres papyrus, permet à l'initié d'aller encore plus loin – jusqu'aux étoiles.

Toutes ces transformations aviaires marquent un passage important dans le parcours de l'initié. Il a terminé ses épreuves purement terrestres (chtoniennes) pour se mouvoir avec une certaine liberté, à l'instar de la barque de Rê remontant vers les sphères célestes.

Le rapport serpent/terre ou encore nénuphar/eau renvoie aux éléments qui peuvent être rapprochés dans la pensée égyptienne de ceux utilisés plus tard dans l'alchimie.

L'ensemble du parcours de l'initié (lecture au second degré) ou du défunt (lecture au premier degré) suit celui de la barque de Rê. Toutefois, alors que le dieu solaire est assuré de ressortir chaque jour du chemin souterrain, il n'en va pas de même pour les humains. L'initié peut renoncer ou bien échouer, n'ayant pas su suffisamment se défaire de ses attaches terrestres (il n'a pas su assez faire abstraction de son *Shout*), alors que le défunt non préparé peut se dissoudre dans l'énergie primale chaotique (être dévoré par un des monstres des « Enfers » ou encore avalé par Ammout), ce que l'on nomme la « seconde mort[1] ».

La pyramide de Khéops à la lumière du **Livre des morts**

Certains[2] voient dans la pyramide de Khéops la seule à présenter un plan intérieur aussi complexe, un lieu d'initiation par excellence, allant jusqu'à reconstituer

1. Pascal Bancourt, *op. cit.*, p. 58.
2. Notamment les théosophes Helena Petrovna Blavatsky et Édouard Schuré.

de manière très crédible le parcours de l'initié à son réveil après une « mort » artificielle atteinte par l'absorption de drogues, l'hypnose ou encore l'exposition à un certain magnétisme. Le *Livre des morts* étant en grande partie basé sur les *Textes des pyramides*, il n'est pas étonnant que les clés qu'il donne soient celles du parcours que l'on trouve dans un monument de la IVe dynastie. La grande pyramide n'a certes pas été construite dans ce seul but d'initiation, mais trop de similitudes existent pour que ces interprétations soient totalement erronées.

La pyramide en elle-même représente la butte primordiale, la terre qui émergea du Noun. On la voit aussi comme un rayon solaire, une émanation de Rê. Celle que l'on appelle aujourd'hui la grande pyramide était nommée dans l'Égypte pharaonique « la pyramide qui est le lieu du lever et du coucher du soleil ». Certains y voient une simple référence à son orientation et au fait que le soleil se levait sur une de ses faces pour se coucher sur l'autre. Si l'on rapporte ce nom à celui du document que l'on étudie ici, *Sortir au jour*, il prend un tout autre sens.

Le parcours de l'initié commençait à l'entrée de la pyramide, située sur la face nord, du côté de l'étoile

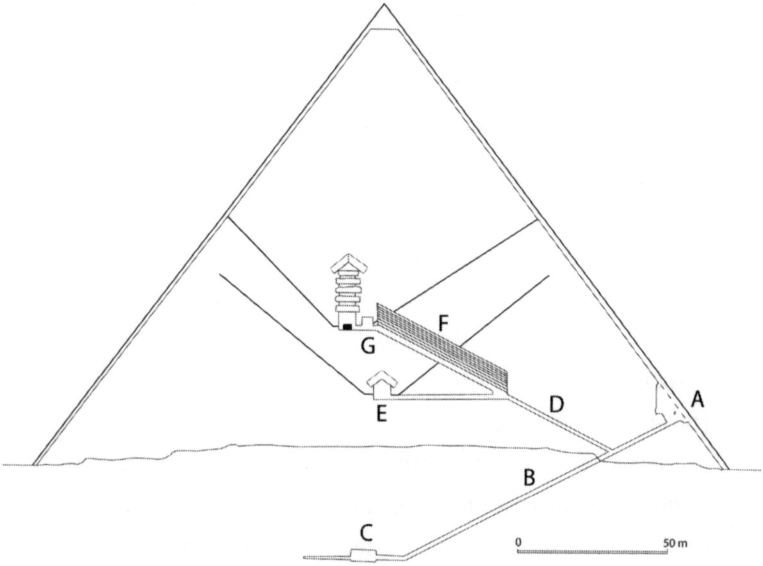

Coupe de la grande pyramide
et hypothèse de reconstitution du chemin initiatique.
A = Entrée de la grande pyramide.
B = Couloir descendant.
C = Chambre souterraine, antre d'Ammout.
D = Couloir ascendant.
E = Chambre de la reine.
F = Grande galerie
(chemins supérieurs qui mènent à Ro-sétaou*)*
G = Chambre royale et son antichambre.

Polaire[1], source de vie. On peut imaginer qu'après une première cérémonie[2] amenant l'initié à son état de défunt, avec peut-être un interrogatoire destiné à évaluer la détermination du myste, celui-ci entamait sa descente dans le long couloir pentu de la pyramide[3]. Arrivé au carrefour avec le couloir ascendant conduisant à la grande galerie et à la chambre de la reine, la cérémonie de la pesée de l'âme pouvait commencer. Avant même que le jugement soit rendu, le futur initié, au seuil des deux chemins, était envoyé dans le couloir descendant vers la chambre souterraine, laissée volontairement fruste et chaotique à l'image du chaos dans lequel l'âme pourrait être dissoute. La chambre souterraine est l'antre d'Ammout, la dévoreuse. Située au centre

1. L'étoile Polaire de l'époque, c'est-à-dire l'étoile Thuban dans la constellation du Dragon. Les étoiles, qui sont éternelles, étaient considérées comme étant les âmes des rois et des nobles disparus.

2. Qui se déroulait probablement de jour afin de bien marquer la différence entre le monde lumineux de la vie et l'obscurité du chemin que représente la mort, l'intérieur de la pyramide n'étant pas ou peu éclairé.

3. Ce couloir, la « descenderie », est incliné à 26°. Il mesure 105 m de long et aboutit à la chambre souterraine. Il donne accès à la grande galerie à son premier tiers supérieur.

exact de la pyramide, c'est un point de condensation des énergies.

L'initié devait alors probablement montrer sa détermination à progresser, notamment en récitant par exemple la confession négative ainsi que les différentes formules le protégeant des démons. Il prenait conscience du risque de dissolution, et subissait une première transformation. Il faisait alors demi-tour pour revenir à l'intersection avec le couloir ascendant. Il empruntait ce dernier jusqu'à l'intersection entre la grande galerie et le couloir horizontal de la chambre de la reine. Une nouvelle étape de l'initiation pouvait se dérouler à cet endroit, la fin de la cérémonie de la pesée de l'âme. Les acquis du myste étaient ainsi vérifiés et validés. Il pouvait ensuite poursuivre vers la chambre de la reine. Cette petite salle aux murs nus dispose sur sa face orientale d'une niche profonde de 5 m. C'est probablement dans cette pièce que l'adepte, dorénavant « justifié », se préparait à sa régénération, sa seconde naissance. Les dieux auxquels il s'identifie pouvaient venir le voir en sortant de la niche. Comme la chambre royale située un peu plus haut, la pièce est équipée de deux petits conduits remontant vers la surface sans l'atteindre cependant. L'un mène vers le nord polaire, l'autre est peut-être orienté vers l'étoile Orion, symbole d'Osiris. Bien qu'on les qualifie souvent de conduits de ventilation, malgré le fait qu'ils s'arrêtent dans l'épaisseur de la maçonnerie, ils représentaient probablement une voie de sortie magique pour le Bâ du roi, de la même manière que l'on peignait de fausses portes sur les parois des autres tombeaux.

La cérémonie des mystères se poursuivait ensuite avec l'ascension de la grande galerie qui peut être assimilée aux « chemins supérieurs menant à *Ro-sétaou*[1] », également appelés « chemins du dessus[2] » dans le *Livre des morts*. Le défunt-initié suit le chemin de Rê dans son ascension vers sa résurrection matinale.

Arrivé à l'entrée de la chambre royale, dans ce qui a été appelé l'« antichambre », le myste se heurtait aux herses de pierre qui condamnaient l'accès au sarcophage de pharaon et donc à la renaissance ultime, qui ne pourrait se faire qu'après la mort réelle du myste.

On remarque que l'ordre défini très tardivement dans le cheminement de l'initié-défunt dans le *Livre des morts* n'est pas forcément celui que l'on retrouve dans la « pyramide qui est le lieu du lever et du coucher du

1. *In* Paul Barguet, *op. cit.*, p. 153.
2. *Idem*, p. 42.

soleil ». Cela indique qu'aucune initiation n'était plus pratiquée dans ces lieux depuis longtemps, et qu'une partie du sens de ces textes était déjà perdue pour la plupart des lecteurs.

Conclusion

Guide initiatique ou compilation de formules pour rassurer le commun des mortels, le *Livre pour sortir au jour* continue de fasciner les chercheurs comme le grand public. Il est un précieux allié des égyptologues qui tentent de restituer le mieux possible la vie quotidienne, la philosophie et les règles de vie des anciens Égyptiens.

Cet ouvrage n'étant qu'une invitation à la découverte du *Livre des morts*, nous conseillons au lecteur qui voudrait approfondir le sujet de lire la totalité des chapitres, notamment à partir de la traduction de Paul Barguet ou de celle de Grégoire Kolpaktchy, pour les francophones.

Par de nombreux aspects, le *Livre pour sortir au jour* égyptien est très proche du *Bardo Thödol*, le *Livre des morts tibétain*. Une des scènes les plus frappantes que l'on retrouve dans les deux ouvrages est celle du jugement de l'âme. Mais les similitudes ne s'arrêtent pas là. Les visions et hallucinations que subira l'âme désincarnée (du fait de la mort réelle ou bien de la mort fictive de l'initié qui vit un véritable voyage astral) sont très proches dans les deux ouvrages. Elles sont cependant clairement perçues et décrites dans le *Bardo Thödol* comme des représentations symboliques créées par l'âme elle-même à partir de son vécu terrestre[1]. Bien au-delà de l'archéologie, ces textes nous incitent donc à explorer toujours plus loin encore les civilisations passées qui ont tant à nous apporter.

1. *Cf.* Pascal Bancourt, *op. cit.*, p. 61-62.

Bibliographie

ALLEN, Thomas George, *The Egyptian Book of the Dead*, Chicago, The University of Chicago Press, collection « Documents in the Oriental Institute Museum at the University of Chicago », n° 82, 1960, 289 p.

BANCOURT, Pascal, *Le Livre des morts égyptien. Livre de vie*, Éditions Dangles, collection « Horizons ésotériques », 2001, 391 p.

BURKERT, Walter, *Les Cultes à mystères dans l'Antiquité*, Paris, Éditions Les Belles Lettres, collection « Vérité des mythes », 2003, 195 p.

CORTEGGIANI, Jean-Pierre, *L'Égypte ancienne et ses dieux. Dictionnaire illustré*, Paris, Fayard, 2007, 593 p.

DELCLOS, Marie, CARADEAU, Jean-Luc, *Le Livre des morts égyptien décrypté*, Paris, Éditions Trajectoire, 2007, 457 p.

JACQ, Christian, *Les Maximes de Ptah-Hotep. L'enseignement d'un sage au temps des pyramides*, présentation, texte hiéroglyphique et traduction, Paris, Maison de Vie, 2004, 248 p.

KOLPAKTCHY, Grégoire, *Livre des morts des anciens Égyptiens*, Paris, Éditions Stock, collection « Essais Documents », 1993, 327 p ; Paris, Éditions Dervy, collection « Mystiques et religions », 1999, 327 p. ; Paris, J'ai Lu, collection « Aventure secrète », 2009, 473 p.

Le Livre de l'Amdouât, édité et traduit des hiéroglyphes par François Schuler, préface de Youri Volokhine, Paris, Éditions José Corti, collection « Merveilleux », n° 27, 2005, 408 p.

Le Livre des morts des anciens Égyptiens, introduction, traduction, commentaire de Paul Barguet, Paris, Éditions du Cerf, collection « Littérature ancienne du Proche-Orient », n° 1, 1967, 314 p.

LEPSIUS, Richard, *Das Todtenbuch der Ägypter nach dem hieroglyphischen Papyrus in Turin, mit einem Vorworte zum ersten Male hrsg. von R. Lepsius,* Leipzig, Éditions G. Wigand, 1842, 29 p. et 79 planches reproduisant le papyrus.

MAGIÁSIS, Sotírios, *Le Livre des morts de l'Égypte ancienne est un livre d'initiation : matériaux pour servir à l'étude de la philosophie égyptienne*, Athènes, Bibliothèque d'archéologie orientale d'Athènes, n° 1, 1955, 630 p.

SERVAJEAN, Frédéric, *Les Formules des transformations du « Livre des morts » à la lumière d'une théorie de la* *performativité : XVIIIe-XXe dynasties*, Le Caire, Institut français d'archéologie orientale, 2003, 118 p.

SCHWARZ, Fernand, *Initiation aux livres des morts égyptiens*, Paris, Albin Michel, collection « Spiritualités vivantes », 1988, 248 p.

SCHWARZ, Fernand, « La Doctrine de la réincarnation en Égypte ancienne. À la lumière de la doctrine secrète de H.P.B », Nouvelle Acropole, association philosophique à vocation culturelle et sociale, revue *Acropolis* n° 206 (*http://www.nouvelleacropole.org/articles/article.asp?id=284*), 11 p.

« Trois-Continents », *Le Livre des morts*, Paris, Éditions du Rocher, collection « Poche-Couleur », 2000, 144 p.

WALLIS-BUDGE, sir Ernest Alfred Thompson, *The Book of the Dead: The Papyrus of Ani in the British Museum with the Egyptian Text with Interlinear Transliteration and Translation, a Running Translation, Introduction, etc.*, New York, Tess Press, 2007 (réimpression de l'édition de 1895), 377 p.

Table des matières